Aufgespießt

Eberhard Seidel-Pielen,
geboren 1955, Studium der Soziologie und Publizistik, 1983 kurzzeitig Hamburger-Produzent in Istanbul, lebt als Journalist und Milieuforscher in Berlin. Seinen ersten Dönerkebap aß er 1974 in London. Diesem folgten nach vorsichtiger Hochrechnung 1042 weitere Döner/Gyros/Schawarma in der Türkei, Polen, Österreich, Griechenland, Frankreich, der ehemaligen DDR, der Bundesrepublik Deutschland und in den USA.
Bei Rotbuch von ihm erschienen (zusammen mit Klaus Farin):
Krieg in den Städten. Jugendgangs in Deutschland (6. Aufl., 1994)
Rechtsruck. Rassismus im neuen Deutschland (4. Aufl., 1993)
Die Scharfmacher. Schauplatz Innere Sicherheit (1994)

Zu diesem Buch:
Deutschland ist auf den Döner gekommen. Bundesweit werden jährlich rund 720 Millionen Dönerkebaps verzehrt: 200 Tonnen pro Tag. Allein mit dem Verkauf von Döner-Sandwiches setzt die Branche jährlich etwa 3,6 Milliarden DM um – mehr als McDonald's, Burger King und die Wienerwald-Kette zusammengenommen.

Laut Statistik aß jeder Bundesbürger 1994 ein Kilogramm Döner. Ein dichtes Netz von rund 10 000 Verkaufsstellen macht die Deutschen zu den führenden »Orientalisten« der westlichen Hemisphäre. Ein Dönerimbiß je 8000 Einwohner – ein stolzer Schnitt. Allein in Berlin, der Metropole Nr. 1 der Döner-Republik, gibt es schätzungsweise 1300 Verkaufsstände – weit mehr als in Istanbul.

Eberhard Seidel-Pielen beleuchtet Hintergründe, Dimensionen und Skandale des Big Döner Business in Deutschland. Er führt uns zu den Machern hinter den Grillspießen und zeichnet den unaufhaltsamen Siegeszug des osmanischen Fast food vom Bosporus nach (mit Städte- und Nährwertvergleichen). Ob Kebap oder Ke-Papp – der Döner ist der erfolgreichste türkische Exportartikel!

Eberhard Seidel-Pielen

Aufgespießt

Wie der Döner über die Deutschen kam

Rotbuch Verlag

Die Deutsche Bibliothek - CIP-Einheitsaufnahme
Seidel-Pielen, Eberhard
Aufgespießt : Wie der Döner über die Deutschen kam /
Eberhard Seidel-Pielen - 1. Aufl. -
Hamburg : Rotbuch-Verl., 1996
(Rotbuch-Taschenbuch; 1034)
ISBN 3-88022-901-5
NE: GT

Rotbuch Taschenbuch 1034

1. Auflage 1996
© 1996 by Rotbuch Verlag
Umschlaggestaltung: MetaDesign
unter Verwendung einer Fotografie von
H.P. Stiebing/Zenit
Döner-Grafik: Peter O. Zierlein
Herstellung: Das Herstellungsbüro, Hamburg
Satz: H & G Herstellung, Hamburg
Druck und Bindung: Druckerei Wagner, Nördlingen
Printed in Germany 1996
ISBN 3-88022-901-5
Alle Rechte vorbehalten

Inhalt

Der Milliardencoup 7

Die Wiege des Dönerkebap 19
   Der Spieß kommt auf die Beine 23
   Einspruch 32
   Dönerkebap als Fast food 34

Wie der Döner über die Deutschen kam 41
   Gründungsmythen 44
   Die Geburtswehen 46
   Die Geburtshelfer 49
   Familientreffen am Dönergrill 55
   Endstation Döner? 57
   Sklavenhalter 59

Pfusch am Döner 65
   Kebap oder Ke-Papp? 68
   Die deutsche Hackfleischverordnung 72
   Buletten am Spieß 78
   Das Berliner Reinheitsgebot 80
   Die Panscher 83

Die Macher 87
   Dönerimperium in Mainhattan 90
   Fleischberge am Alex 95
   Der Latino-Döner 100
   Das Brot des Türken 103

Goldrausch im Osten *115*
  Das Headquarter *117*
  Der Pionier *124*
  Der »faire« Dönerhandel *134*

Bekenntniszwang: Döner und Politik *137*
  Dönerphobie *143*
  Die Dönersteuer *146*
  Der letzte Döner *148*

Unterwegs in der Dönerrepublik *153*
  Gyros als Geburtshelfer *153*
  Urlaub im bayrischen Anatolien *156*
  Gebremste Gastlichkeit *158*
  Hamburg *162*
  Frankfurt *164*
  Döner-Provinzen *164*

Der Nährwert des Dönerkebap *173*

Anmerkungen *177*

Abbildungsnachweis *181*

Danksagung *182*

»Mein erster Döner war ein Erlebnis, das ich nie vergessen werde. Es war an einem heißen Sommertag, aber es könnte natürlich auch ein trüber Herbstabend gewesen sein. Jedenfalls ist mir die Tomatenscheibe auf meine neue Bluse gefallen. Die Bluse konnte ich wegschmeißen, aber die Liebe zum Döner ist geblieben, bis heute, obwohl mir immer noch die Tomaten rausfallen.«
Gaby Sikorski, Autorin, Der letzte Döner

Der Milliardencoup

»Döner-Raub in der S-Bahn!« Entsetzt schrecken die Berliner im Sommer 1995 auf. Ein junger Mann attackiert einen Fahrgast, entreißt ihm gewaltsam den Döner und entkommt unerkannt. »Ist es schon so weit, daß Menschen für eine Handvoll Döner töten?« fragen sich besorgte Rentner. »Kann es sein, daß Bratenduft, vermischt mit Knoblauchsoße, bei Dönerjunkies jegliche Selbstkontrolle außer Kraft setzt?« frage ich mich. Und – müssen wir künftig mit neuen Formen der Beschaffungskriminalität rechnen? Aber die Alten kennen ihre Stadt besser. Lebhaft haben sie eine andere Schlagzeile in Erinnerung: »Döner-Mord am Alex!«. Am 16. Dezember 1992 schoß ein Unbekannter viermal auf den Dönerverkäufer Gamal H. »Wollte er kein Schutzgeld bezahlen? War es die Mafia? War er Zuhälter? Oder einfach nur Medizinstudent?« Gerüchte schwirrten durch die Stadt.

Zweifellos hat der Dönerkebap die Republik verändert. Allerorten treffen wir auf ernste, hochkonzentrierte

Menschen, die sich mit demütig vorgebeugtem Oberkörper, weit aufgerissenen Augen und animalischer Beißhaltung an mächtigen Fleischtaschen zu schaffen machen. Vorbei ist es mit der vornehmen Bockwursthaltung: das Würstchen fein zwischen Daumen, Zeige- und Mittelfinger geklemmt, den Ringfinger und den kleinen Finger elegant abgespreizt. Der Döner erfordert vollen Körpereinsatz: zwei Hände, dehnbare Kiefer, gut ausgebildete Feinmotorik und einen gelenkigen Rücken.

»Der Junge muß völlig abgedriftet sein! Gibt es denn keine wichtigeren Themen? Damit verpaßt der uns Türken doch wieder nur dieses glitschig-fette Döner- und exotische Bauchtanzimage.« Während der Vorarbeiten zu diesem Buch erntete ich zunächst verständnislose Blicke! »Du wirst dir mit einer Reportage über den Dönerkebap schnell die Kritik der türkischen Intellektuellen einhandeln«, warnte eine Gesprächspartnerin. Denn mit dem Dönerkonsum verhält es sich wie mit Bordellbesuchen: Hunderttausende tun es täglich, aber denen, die die Dienstleistung erbringen, wird die gesellschaftliche Anerkennung verwehrt. »Türkische Kultur ist mehr als Döner«, »Nicht nur Kebap und gekürzte Hosenbeine«, »Türken sind nicht nur Kebap-Verkäufer«, »Türkische Geschäftsleute haben mehr zu bieten als Dönerkebap« lauten daher die Schlagzeilen, wenn Deutsche aufgerüttelt und bei ihrer vermeintlichen kulturellen Ignoranz gepackt werden sollen, wenn ein türkischer Kulturverein auf sein ambitioniertes Programm aufmerksam machen möchte oder eine Ausländerinitiative demonstrativ um Gehör für ihr politisches Anliegen bittet.

Das gebrochene Verhältnis zum türkischen Exportschlager Nummer eins läßt sich leicht erklären. Mehr als kulturelle Offensiven, Freundschaftsfeste und moralische

Appelle hat der Döner die interkulturelle Begegnung befördert. Das schmerzt, macht die eigene, bescheidene Bedeutung deutlich, stellt die Kleiderordnung in Frage. Nicht in den Volkshochschulkursen und an den Stätten der Hochkultur, sondern an der Imbißbude kamen Hans und Mustafa ins Gespräch, reiften die Pläne für die erste Türkeireise. Das gilt im Osten des Landes noch mehr als im Westen. Wenn irgend jemand die Bürger der ehemaligen DDR lehrte, daß die Wiedervereinigung nicht nur die Deutschen in Ost und West betrifft, sondern auch die zwei Millionen Immigranten aus der Türkei, dann waren es eben jene »ungebildeten«, einfachen Kebapçı, die Dönerverkäufer. Sie waren die Kundschafter. Sie wagten sich, kaum daß die Mauer gefallen war, in den Wilden Osten vor. Sie und nicht die staatlich subventionierten und verbeamteten Integrationsspezialisten bauten in der Gluthitze des Dönergrills tragfähige Brücken der Verständigung. Tagtäglich stellen sie sich den neugierigen und immer gleichen Fragen ihrer Kundschaft: »Mehmed, wie ist das eigentlich bei euch da unten?« – »Heinz, glaubst du wirklich, daß wir da noch im Eselskarren durch die Gegend gurken? Fahr mal nach Antalya. So einen Urlaub, wie du ihn dort verbringen kannst, hast du noch nicht erlebt.« Die Kebapverkäufer sind die wahren, da allgegenwärtigen Botschafter der türkischen Kultur. Für die deutsch-türkische Beziehung haben sie mehr geleistet als zum Beispiel die Journalisten.

Um die Verdienste der Dönerproduzenten für die Ernährungslage in Deutschland im vollen Umfang zu würdigen, werfen wir einen kurzen Blick zurück: »Die jüngeren Einwanderer entbehren sehr ihre gewohnten, scharf gewürzten Speisen«, berichtet der Berliner *Tagesspiegel* im Juni 1956 mitfühlend.[1] Die Folgen waren besorgniserregend: »So kommt es, daß der Wirtschaftsstudent Vecdi Demirkol in zwei Jahren vierzehn Pfund abgenommen hat und – bei aller Liebe zu Berlin – schon Magenverstimmung bekommt, wenn er nur an das Berliner Essen denkt.« 1956 leben einhundert Türken in der Stadt. Die Kaufleute, Wissenschaftler, Handwerker und Studenten vereint das kulinarische Martyrium. Schutz- und alternativlos sind sie Eisbein, Erbsenpüree, Buletten, Sauerkraut, Kohlrouladen, Matjesfilet mit Pellkartoffeln, Curry- und Bockwürsten ausgesetzt. Ein türkisches Restaurant als möglichen Zufluchtsort gibt es seit 1945 nicht mehr, und in den Lebensmittelgeschäften fehlt so ziemlich alles, was für den heimischen Speisezettel unentbehrlich ist. Zucchini? – Fehlanzeige. Auberginen? – Unbekannt. Sucuk, Lokkum, Pide und Baklava? – Fremdworte. Joghurt, Schafskäse, Oliven, Lammfleisch? Wenn man diese Produkte überhaupt finden kann, werden sie zu astronomischen Preisen gehandelt. Zumindest sprengen sie den finanziellen Rahmen eines Studenten.

Der EG-Markt ist erst im Entstehen begriffen, der Wechselkurs der D-Mark noch nicht so konsumentenfreundlich wie heute. Und natürlich gibt es noch nicht an jeder Ecke einen türkischen Gemüsehändler, der seine Landsleute mit dem lebensnotwendigen Sortiment versorgt. Die kleine, türkische Gemeinde rückt notgedrungen enger zusammen: »Ein Glück daher, daß die Türken so gastfreundlich sind, daß sie einander hin und wieder zu einem heimatlichen Festschmaus einladen. Aram Pestemalci, der Teppichhändler, brät sogar manchmal einen ganzen Hammel am Spieß, damit sich seine Gäste bei ihm wie zu Hause fühlen.«[2]

Wir wissen nicht, ob der Student Demirkol zu Pestemalcis Tafelrunde gehörte. Fünfzehn Jahre später, soviel steht fest, hätte sein Leiden ein Ende gehabt. Anfang der siebziger Jahre – inzwischen leben 40 000 Türken in Berlin – eröffnen Export- und Importläden sowie Gemüsemärkte. Einige Entschlossene werfen in Berlin-Kreuzberg und in Schöneberg ihren Döner-Grill an und bieten – für zwei bis drei Mark die Portion – geschnetzeltes Kalbs- und Lammfleisch im Fladenbrot an. Sie ahnen nicht, daß sie den Grundstein für eine Industrie legen, die jährlich traumhafte Umsatzsteigerungen erzielen wird. Eine Industrie, die fünfundzwanzig Jahre später auf dem Sprung ist, den europäischen, ja selbst den türkischen Markt zu erobern.

Die bundesweit jährlich verzehrten rund 720 Millionen Dönerkebap-Sandwiches beweisen: Deutschland ist auf den Döner gekommen. Laut Statistik ißt jeder Bundesbürger ein Kilogramm Döner im Jahr. Ein dichtes Netz von geschätzten 10 000 Dönerverkaufsstellen macht die Deutschen zu den führenden »Orientalisten« der westlichen Hemisphäre. Pro achttausend Einwohner ein

Dönerimbiß – ein stolzer Schnitt. In Hoyerswerda, jenem heimeligen Ort in Sachsen, den Rechtsextremisten nach dem ersten Nachkriegspogrom 1991 stolz zur ersten »ausländerfreien« Stadt erklärten, wird er locker überboten. Hier drehen sich heute 15 Dönerspieße für 60 000 Bürger.

Aber Berlin ist und bleibt ohne Zweifel Zentrum der Dönerrepublik. Rotierten 1983 in Berlin rund 200 Drehspieße in friedlicher Nachbarschaft zu den allgegenwärtigen Wurstbratereien, waren es 1988 bereits 400. Heute hat Berlin mit 1300 Döner-Verkaufsständen die Mitkonkurrenten auf die Plätze verwiesen. Neue Produktionsverfahren in der Dönerindustrie, neue Präsentationsformen und Rezepte werden anders als in der Vergangenheit nicht mehr in Istanbul, London oder New York entwickelt, sondern in der Dönerkebap-Metropole Nummer eins. Nachdem von Berlin aus zunächst die alten, dann die neuen Länder im Sturm erobert wurden, werden augenblicklich die Konsumentenmärkte in Polen, Schweden, Frankreich, Spanien, den baltischen Staaten, Tschechien und Ungarn erschlossen.

Die Erfolgsbilanz der Döner-Industrie in nüchternen Zahlen: In Deutschland werden derzeit täglich rund 200 Tonnen Dönerkebap verzehrt: 25 Tonnen in Berlin, 35 Tonnen in den fünf neuen Ländern, 140 Tonnen im Westen der Republik. 200 Tonnen am Tag, das ergibt im Jahr rund 72 000 Tonnen oder 72 000 000 Kilogramm. Portioniert wandern so jährlich 720 Millionen Dönerkebap-Sandwiches über die Ladentheken. Bei einem Endverkaufspreis von durchschnittlich fünf Mark werden von der Döner-Industrie jährlich etwa 3,6 Milliarden Mark umgesetzt. Tendenz steigend.

Für Multikulturalisten, Antimonopolisten und Antiamerikaner mag es tröstlich sein: In der Bundesrepublik setzt die Branche allein mit dem Verkauf von Döner-Sandwiches mehr um als die Gastro-Giganten mit ihrer gesamten Produktpalette. Den 3600 Millionen Mark aus dem Dönerverkauf stehen gegenüber:

1. McDonald's Deutschland
   Umsatz: 2600 Mio. Mark; 570 Betriebe.
2. Mitropa AG/DSG mbH
   529 Mio. Mark; 597 Betriebe.
3. Mövenpick Gesellschaften Deutschland
   359 Mio. Mark; 45 Betriebe.
4. Nordsee Deutsche Hochseefischerei GmbH
   356 Mio. Mark; 292 Betriebe.
5. Burger King GmbH
   340 Mio. Mark; 94 Betriebe.
6. Wienerwald GmbH
   233 Mio Mark; 170 Betriebe.

Noch eindeutiger als im bundesweiten Vergleich geht in Berlin und den neuen Bundesländern McMahmud als Sieger aus dem Rennen mit dem Hamburger-Giganten McDonald's hervor: Hier stehen 920 Millionen »Döner-DM« schlappe 350 Millionen McDonald's-DM gegenüber.[3]

Es ist nicht der einzige Triumph der Berliner Dönerkultur. Im Januar 1995 erwies schließlich auch *Bild-Berlin* dem Fast food vom Bosporus seine Reverenz. Dramatisch, wie es sich für das Blatt geziemt: »Imbiß-Krieg – Döner geht der Bockwurst an die Pelle.« Noch sei die gute Currywurst die Nummer eins in Berlin, beruhigt die Autorin Doreen Mahlow.[4] Zweifel sind angebracht. »Auf hundert Döner verkaufe ich eine Curry«, wird Benjamin

Orhan (29) aus Berlin-Mitte zitiert. Und Mehmet Algül aus der Friedrichstraße: »Wir nehmen keine Bockwürste ins Angebot, weil die Leute den Döner lieber haben.« – »Für meine Currys sind die Döner keine Konkurrenz«, behauptet dagegen Bruno Hahnfeld (45) in der Schönhauser Allee. Wir wünschen Herrn Hahnfeld auch in Zukunft beste Geschäfte. Aber die Zeit ist nicht auf seiner Seite. Jüngere wissen: Currywurst macht weder satt noch glücklich. Das Schweinefleisch verformt den Körper und treibt Pickel, in schlimmeren Fällen Furunkel ins rosige Gesicht. Döner ist dagegen vergleichsweise gesund. In der Altersgruppe der ernährungs- und preisbewußteren 14- bis 29jährigen Berliner hat der Döner nach einer Forsa-Umfrage im Auftrag der Hamburger Zeitschrift *Tempo* die Currywurst als »liebsten Imbiß« inzwischen klar verdrängt. Tatsächlich hat der Dönerkebap die Currywurst, bis dahin (West)Berlins Leibgericht schlechthin, auf Platz zwei verwiesen: 70 Millionen jährlich verkaufter Currywürste[5] stehen knapp 100 Millionen verkaufter Dönerkebap-Portionen gegenüber.[6]

Sensationell oder gar historisch einmalig ist dieser Erfolg nicht. Die Berliner Türken schreiben lediglich eine Tradition fort. Im 17. Jahrhundert brachten die Hugenotten via Frankfurt die Brühwurst an die Spree. Die Amerikaner nach 1945 Tomatenketchup und Curry – sie leisteten damit die notwendige Entwicklungshilfe für die Berliner Currywurst. Und nun ist der Döner angekommen.

Eine Warnung (vor allem) an die Berliner Leser. Dies ist kein Werk der inneren Mission. So spannend die Erfolgsgeschichte des Dönerkebaps auch ist, hier wird an keinem neuen Berliner Mythos gestrickt. Keine Hochrufe, keine

Jubelchöre, keine Verzückung darüber, was die Hauptstädter dem Rest der Welt wieder einmal für ein neues Glück beschert haben. Als Wahlberliner habe ich genug Mitleid mit den Lokalpatrioten, die bei jeder Gelegenheit ein Hohelied auf ihre Currywurst oder ihre Fettschwämmchen – auch Buletten genannt – singen müssen. Sie sind gestraft genug damit, ständig in Mikrophone zu plappern, wie vorzüglich die Currywurst doch schmecke. Wollen wir den Berlinern allen Ernstes auch noch die Ehrenrettung und Verteidigung ihres Dönerkebaps aufhalsen? Nein. Was die Berliner brauchen, ist etwas Erholung von der Last der vielen Mythen, unter denen sie so schwer zu tragen haben. Der Dönerkebap ist ein Fast-food-Artikel. Und da gibt es schlechtere, aber auch bessere als den Dönerkebap.

Ich habe es mir und dem geneigten Leser erspart, Lokalprominenz nach ihrem Verhältnis zum Dönerkebap zu befragen, um möglicherweise von einem Bürgermeister oder Schauspieler zu hören: »Ich esse immer wieder gerne einen Döner. Am liebsten bei Ahmet XY – und die Türken gehören zu unserer Stadt.«

Auch wer sich von diesem Buch Tips erwartet, wo er in Deutschland die besten Döner für sein Geld bekommt, wird mit diesem Büchlein schlecht bedient sein. Angesichts von zehntausend Döner-Verkaufsstellen ließe sich keine auch nur halbwegs gerechte Auswahl treffen. Zudem ändern sich die Szene und die Qualität ständig. Und ich möchte niemanden von einem Ende der Stadt, geschweige denn von einem Ende der Republik in das andere jagen, um ihn dann enttäuscht und wütend feststellen zu lassen, daß es an der Bude statt des hochgepriesenen Döners nur noch einen müden Abklatsch gibt. Ein paar Hinweise, woran man einen genießbaren von einem weniger empfehlenswerten Döner unterscheiden kann, sollen genügen. Alles andere ist ohnehin Geschmackssache.

Nun sind nur noch orthographische Feinheiten zu klären, bevor wir uns an die Spur des Dönerkebaps heften. Wie wird *das Ding*, das ins Deutsche übersetzt soviel wie »drehender Braten« heißt, denn nun geschrieben? Oder ist »Drehbraten« die bessere Übersetzung? Schließlich nennen wir den »Spießbraten« auch nicht »spießiger Braten«. Die Imbißbuden werben meist mit der türkischen Schreibweise »Döner Kebab« oder »Döner Kebap«, also mit den »drehenden Braten« für ihr Produkt. In Zeitungsberichten findet sich häufig der Bindestrichkompromiß: »Döner-Kebab« oder »Döner-Kebap«. Diese Schreibweise gibt es im Türkischen nicht, und sie macht übrigens auch in der deutschen Übersetzung wenig Sinn. *Das Ding* würde dann folgendermaßen geschrieben: »drehender-Braten« – ein rechter Unsinn. Auch die zweite Möglichkeit – »Dreh-Braten« – sieht ungewöhnlich aus und hat wenig mit deutscher Rechtschreibung gemein. Die amtliche Rechtsschreibregelung der deutschen Sprache gemäß dem Duden erklärt »Dönerkebab« (»Drehbraten«) für verbindlich. *Das* macht Sinn. In der Streitfrage Keba*p* oder Keba*b* entscheidet sich der Duden klar gegen die türkische und für die dem Arabischen entlehnte Schreibweise. Mein Vorschlag zur Güte: Als Reverenz an die Verdienste der Türken rund um den Döner entscheiden wir uns beim »Braten« für die türkische Schreibweise, also für das *p*. Bei der Streitfrage, ob *das Ding* nun in einem oder in zwei Worten zu schreiben sei, beugen wir uns der Autorität des Dudens für deutsche Rechtschreibung und bekunden unsere Abneigung gegen »spießiger Braten«. Das Ergebnis ist der *Dönerkebap*.

Ein Letztes. Lassen Sie uns das Ding, wie es der saloppe Volksmund ohnehin längst tut, ruhig einen »Döner« (einen »Dreher«) nennen, aber niemals Kebap. Schließlich gehen Sie auch nicht an einen Imbißstand und sagen: »Ich will eine Wurst.« Wer eine Bockwurst, Fleischwurst, Pferdewurst, eine Wiener, eine Currywurst, eine Thüringer oder ein Frankfurter Würstchen möchte und nicht automatisch eine Dampfwurst, der muß sein Begehr schon etwas genauer vortragen. So verhält es sich auch mit dem Kebap. Auch da gibt es eine Vielzahl von Varianten: den Adana Kebap, den Patlıcan Kebap (Kebap mit Auberginen), den Şiş Kebap, den Yoğurtlu Kebap (Kebap mit Joghurt) und den Avcı Kebap (Jägerkebap), um nur ein paar Exemplare der großen Spezies zu nennen. All diese Kebapspeisen haben in Geschmack und Aussehen nichts, aber auch gar nichts mit dem Döner zu tun.

»›Was ist das?‹ rief er entsetzt. ›Ketchup‹,
strahlten ihn die Leute an, als ob sie die besorgte
Frage verstanden hätten, und drückten den roten
Brei über die Kebapspieße. Mahmud riß seine
Arme in die Luft, schmiß die Zigarette quer durch
den Raum und schrie: ›Nein!!!‹«
Rafik Schami, Kebap ist Kultur,
in: Der Fliegenmelker

Die Wiege des Dönerkebap

Als der britische Textilprofessor Robert Chenciner den berühmten, angeblich 900 Jahre alten Wandteppich von Bayeux in Augenschein nahm, kamen ihm Zweifel. Auf dem Teppich ist ein Koch abgebildet, der gerade eine Art Dönerkebap zubereitet. Nach längeren Recherchen fand Mr. Chenciner seinen Verdacht bestätigt: Dem Mittelalter war diese Zubereitungsart noch gar nicht bekannt.[1]

Tatsächlich würde der Wandteppich die Entstehungsgeschichte des Dönerkebap auf den Kopf stellen.

Der Dönerkebap ist eine vergleichsweise junge Erfindung der osmanischen Küche. In Zeitungsartikeln wird einmal von dem etwa »300 Jahre alten Gericht aus der Türkei« berichtet, andere nennen 200 Jahre. Vor allem aber überrascht die dünne Quellenlage zur Geschichte des Dönerkebap. Weder in den vielen schriftlich fixierten Rezepten der mittelalterlichen arabischen Küche[2] finden sich Hinweise auf den Dönerkebap, noch in dem ältesten erhaltenen Kochbuch in türkischer Sprache aus dem 15. Jahrhundert. Wie die türkische Küche in früheren Jahrhunderten aussah, was in Istanbul und den Siedlungen Anatoliens auf den Tisch kam, darüber geben vor allem europäische Reisebeschreibungen Auskunft. »Für das 16. Jahrhundert ist dabei unsere wichtigste Quelle das Tagebuch des Fugger-Faktors Hans Dernschwam, das eine außerordentlich detaillierte Beschreibung türkischer Speisen (auch abseits des Hofes) enthält. Dernschwams Aufzeichnungen vermitteln den Eindruck, die gehobene türkische Durchschnittsküche sei bereits damals in ihren Grundzügen der heutigen sehr ähnlich gewesen. Allerdings fehlten ihr (wie allen Küchen Europas) gewisse Geschmackselemente, die wir uns heute nur schwer wegdenken können: die Produkte der Neuen Welt – Tomaten und Paprika.«[3] Weder in Dernschwams Niederschrift noch im ersten *gedruckten* türkischen Kochbuch aus dem Jahr 1844 finden sich Hinweise auf die Existenz des Dönerkebap. Daraus können wir schließen, daß er bis in diese Jahre keine überregionale Rolle spielte.

Auch der Türkeikenner Helmuth von Moltke, der die entlegensten Winkel Anatoliens besuchte, scheint keinen Dönerkebap gesichtet zu haben. 1835 wurde von Moltke vom preußischen König Wilhelm III. als Instrukteur der türkischen Truppen nach Konstantinopel (seit 1930 Istanbul) beordert. Von 1835 bis 1839 hielt sich der Berliner am Bosporus, in Anatolien, Mesopotamien, dem heutigen Nordirak und Syrien auf. Er war beauftragt, ein Heer nach europäischem Muster zu schaffen, das den Bestand des Osmanischen Reiches sichern sollte. Bei seinen Reisen kreuz und quer durch die Provinzen ist er zwar auf allerlei abenteuerliche Verhältnisse gestoßen, aber offensichtlich auf keinen Dönerkebap. Auf einer Reise nach Bursa im Sommer 1836 kehrte von Moltke in einem Kebapimbiß ein. Seit dem 16. Jahrhundert (so zeigen es Dar-

stellungen auf Miniaturen) gab es diese Grillstuben im Land. Moltke: »Unser Mittagsmahl nahmen wir ganz türkisch beim Kiebabtschi ein; nachdem wir die Hände gewaschen, setzten wir uns nicht an, sondern auf den Tisch, wobei mir meine Beine schrecklich im Wege waren. Dann erschien auf einer hölzernen Scheibe der Kiebab oder kleine Stückchen Hammelfleisch, am Spieß gebraten und in Brotteig eingewickelt, ein sehr gutes, schmackhaftes Gericht; darauf eine Schüssel mit gesalzenen Oliven, die ganz vortrefflich sind, der Halwa oder die beliebte süße Schüssel und eine Schale mit Scherbet, ein Aufguß von Wasser auf Trauben mit einem Stückchen Eis darin.«[4]

Bei dem von Moltke verzehrten Şişkebap (Spießbraten) handelt es sich nach Auffassung des Frankfurter Dönerproduzenten Tütüncübaşı um das wohl bekannteste Gericht, das die Türken bei ihrer Wanderung gen Westen aus Mittelasien mitgebracht hatten. »Das in unterschiedlichen Größen würfelartig geschnittene Fleisch wird auf einen Spieß gesteckt«, erläutert Tütüncübaşı weiter. Und diesem mit verschiedenen Oreganoarten gewürzten Gericht, das als arabisches Kebap bezeichnet wurde, haben die Türken das Wort »Şiş« vorangestellt. Es ist eine der vielfältigen Kebapvarianten.

Zurück zu Moltkes Aufenthalt in Anatolien. Bei aller Begeisterung für türkisch-arabische Kebapgerichte vermißte der spätere Generalfeldmarschall vor allem eines: Erdäpfel. Als sich seine Beratertätigkeit für die Taurus-Armee (sie machte Jagd auf Kurden) dem Ende zuneigte und er sich im August von Samsun aus via Konstantinopel Richtung Berlin auf den Weg machte, hatte der Militärberater eine Offenbarung: »Der eine Schritt von Samsun auf das österreichische Dampfboot führte uns aus der asiatischen Barbarei in die europäische Verfeinerung – wir forderten zu allererst Kartoffeln, die wir anderthalb Jahre am schmerzlichsten entbehrt hatten. In unserer zerlumpten türkischen Kleidung, mager und abgezehrt, mit langen Bärten und türkischem Gefolge, wollte man uns erst gar nicht in die erste Kabine lassen. Es ist nicht zu beschreiben, wie behaglich uns alles vorkam; da gab es Stühle, Tische und Spiegel, Bücher, Messer und Gabeln, kurz, lauter Bequemlichkeiten und Genüsse, deren Gebrauch wir fast verlernt hatten.«[5]

Als Helmuth von Moltke endlich wieder seine geliebten Kartoffeln essen durfte, ging es in Anatolien durchaus zivilisierter zu, als es dem preußischen Offiziersgeist erschienen sein mag. Während seines Aufenthaltes in der Region kam es in der 250 Kilometer westlich von Samsun gelegenen nordanatolischen Stadt Kastamonu zu kulinarischen Umwälzungen. Chefkoch Hamdi Usta kam in der zweiten Hälfte der dreißiger Jahre des 19. Jahrhunderts auf die geniale Idee, den traditionellen türkischen Festschmaus, den Lammbraten, auf die Beine zu stellen, sprich: den aufgespießten Hammel anstatt wie ehedem in der Horizontalen nun in der Vertikalen am Holzkohlenfeuer zu grillen. 130 Jahre später eroberte der Kebap schließlich Moltkes Heimatstadt.

Der Spieß kommt auf die Beine

Der in Berlin lebende Meisterkoch Rennan Yaman hält nach eingehenden Recherchen an folgender Schöpfungsgeschichte des Dönerkebap fest.

> Rennan Yaman wurde 1933 in Istanbul geboren und studierte von 1950 bis 1956 an der Staatlichen Akademie für Bildende Künste Innenarchitektur. Zwischen 1958 und 1960 bildet sich Yaman als Koch in Paris, Brüssel, München und Rom fort. Seit 1971 in Berlin lebend, verkauft er Rezepte und berät Restaurantbetriebe in der Schweiz, den Niederlanden und der Bundesrepublik. Yamans Bestreben: »Ich versuche, der Öffentlichkeit unter Wahrung der Grundrezepte der klassischen Küche Gerichte im Stil der europäischen Nouvelle Cuisine vorzustellen.« Dieser Anspruch erklärt auch Yamans kritische Haltung zu der in der Bundesrepublik vorherrschenden Dönerkultur. »Was hier als Döner angeboten wird, ist nichts weiter als eine Currywurst am Spieß.« Dem Meisterkoch, der in seiner langen Karriere selbst Tausende von Dönerkebaps hergestellt hat, wurde 1988, während der gastronomischen Ausstellung in Dijon, für seinen dort präsentierten Dönerkebap von der aus führenden Chefköchen der französischen Gastronomie zusammengesetzten Jury ein Ehrendiplom verliehen.[6]

Wie wurde in der Türkei das Lammfleisch zubereitet, bevor man auf die Idee kam, es anstatt in der Horizontalen in der Vertikalen zuzubereiten?

Als traditionelles Festessen kannte man in der türkischen Küche Fleischgerichte wie das über dem Holzkohlenfeuer gegrillte Lamm am Spieß, das wir Kuzu Çevirme nennen. Daneben das Lamm, zubereitet im Tandır. Das bedeutet, das Lamm mit einem Gewicht bis zu vierzehn Kilogramm wird in ein Erdloch gehängt, das mit Holzkohle befeuert wird. Das Erdloch wird mit einem Deckel verschlossen, und nach ungefähr drei Stunden ist das Fleisch herrlich zart. Daneben gibt es noch eine weitere Zubereitungsart: den sogenannten Grubenbraten, den Kuyu Kebabı, der im Türkischen auch Bünyan genannt wird. Sowohl der Tandır Kebabı als auch der Kuyu Kebabı sind uralte Zubereitungsarten, die ursprünglich aus Indien kommen und über 3000 Jahre alt sind.

Und wer kam nun auf die Idee, das Lammfleisch senkrecht am Spieß zuzubereiten?

Es war vor zirka 160 Jahren, als zwei unterschiedliche Meisterköche während ihrer Bemühungen, das von ihnen vorbereitete und ausgewählte Fleisch in eine gefällige Form zu bringen, zum ersten Mal das Hammelfleisch in einer besonderen Form, die vorher nicht bekannt war, auf einem senkrecht stehenden Spieß brieten.

Wie wir aus Quellen wissen[7], erfand der Meisterkoch Hamdi vor knapp 160 Jahren in Kastamonu diese Methode. Das genaue Jahr kennen wir leider nicht. Nur soviel ist überliefert: Zur Mittagszeit begann er den Döner auf dem Marktplatz von Kastamonu zu grillen. Ab 14 Uhr verkaufte er ihn dann. Der Döner war so delikat, daß sich sein Ruhm rasch verbreitete und die Kundschaft

Schlange stand. Von Hamdi lernten die Köche Şükrü und Raif Gülsunar die Kunst der Dönerzubereitung und führten sie in der zweiten Generation fort. Der Koch Şükrü Altınöz, der es als letzter von ihnen lernte und seit dreißig Jahren Döner à la Kastamonu zubereitet, diktierte mir folgendes Ur-Rezept des Dönerkebap.

Das Rezept des Meisterkochs Hamdi aus Kastamonu
erzählt von Rennan Yaman

Das Hammelfleisch wird mit der über die Jahre erworbenen Erfahrung von den Knochen gelöst und in Stücke zerteilt. Mit sicherer Hand werden die Sehnen Stück für Stück mit der Spitze eines scharfen Messers vorsichtig entfernt und die Fleischstücke in breite, dünne Scheiben geschnitten. Danach wird eine feingeschnittene Zwiebelmischung zubereitet: Ein Kilo Zwiebeln schälen und in sehr schmale Stücke — wie Mondsicheln — schneiden, darüber schwarzen Pfeffer, scharfen roten Paprika und Kreuzkümmel streuen und die Gewürze und Zwiebeln vermischen, indem man sie mit den Händen durchwalkt. Danach nimmt man das vorbereitete Fleisch vom Blech, legt eine Schicht in ein großes Gefäß, streut darüber eine ordentliche Portion der Zwiebelmischung, worauf wieder eine Schicht Fleisch folgt — und so weiter, bis zum Schluß die letzte Schicht Fleisch wieder mit der Zwiebelmischung bedeckt wird. Das in der Zwiebelmischung 15 bis 20 Stunden lang eingelegte Fleisch nimmt so den Zwiebelsaft und den Geschmack der Kräuter auf. Diese Vorbereitung sorgt dafür, daß das gebratene Fleisch später sehr zart und pikant ist.

Şükrü salzte das am Vortage zubereitete Fleisch und schichtete es über Kreuz in konischer Form auf dem Dönerspieß folgendermaßen aufeinander: Zuunterst kommt das Fleisch der Keule, in der Mitte das Kammfleisch und zuoberst das Filet. Derart führt er die Aufschichtung zu Ende, ohne dazwischen auch nur das geringste Hackfleisch hinzuzufügen. Damit das Fleisch gleichmäßig gebraten wird, werden die aus der konischen Form heraushängenden Fleischteile mit einem scharfen Messer abrasiert. Den Dönerfleischkegel läßt man anschließend drei bis vier Stunden ruhen.

Das Fleisch am Dönerspieß wird in den Stunden vor dem Mittagessen zubereitet, indem es in einem mit Butangas betriebenen, besonders angefertigten Dönergrill unter ständigem Drehen gebraten wird. Dabei rinnt Fett und Bratensaft in dicken Tropfen in das verzinnte Kupfergefäß unter dem Spieß. Nebenbei bemerkt: Bis vor zwanzig Jahren geschah dies in einem senkrecht stehenden, aus Lehm und Ziegelsteinen gebauten kleinen Holzkohlengrill mit zwei Öffnungen und einem Rost. Das Dönerfleisch wurde mit Eichenholzkohle gebraten, und der Geschmack war feiner.

Die fertig gebratenen Seiten des Dönerkebaps werden mit einem besonderen Messer, das einem Schwert ähnelt, von oben nach unten abgeschnitten. Das in dünnen Streifen abgeschnittene Fleisch fällt in eine Dönerschaufel. Diese Kebap-Kellen bestehen aus zwei Teilen. In dem unteren Teil sammeln sich das Fett und der Saft des Fleisches, während in dem darüber befindlichen, einem gelöcherten Schöpflöffel gleichenden zweiten Teil das dünn geschnittene Fleisch aufgefangen wird. Dieses Fleisch wird dann gewogen und auf einem Teller serviert. Je nach Wunsch wird über das Fleisch etwas frischer, gemahlener Kreuzkümmel gestreut, das Fleisch mit einer Petersilien-Zwiebelmischung angerichtet oder, falls vom Kunden gewünscht, mit Reis auf einem Teller serviert. Je nach Saison ergänzt man die Beilagen mit Tomaten, Gurken, grünem Salat, Peperoni oder Rettich. Zum Döner reicht man als kaltes Getränk Ayran oder Şıra.

Sie sprachen von zwei Köchen, die auf den Dreh mit dem senkrechten Spieß kamen? Wer war der andere Gründervater des Dönerkebap?

Neben dem Koch Hamdi kreierte auch der Koch Iskender vor 135 Jahren eine eigene Form des Dönerkebap. Iskender war der Großvater des Gründers des heute noch berühmten »Iskender-Restaurant«, das vor drei Generationen in der westanatolischen Stadt Bursa eröffnet wurde. Ob es zu jener Zeit einen Kontakt zwischen den beiden Köchen aus Bursa und Kastamonu gab, ist nicht überliefert. Es ist nicht allzu wahrscheinlich, schließlich liegen Kastamonu und Bursa über fünfhundert Kilometer voneinander entfernt. Für Köche angesichts des damaligen Zustandes der Verkehrswege und der Kommunikationsmittel eine ungeheure Entfernung. Auch die erheblichen Unterschiede in der Zubereitung des Dönerkebap sprechen gegen einen direkten Kontakt der beiden Köche. Es ist also durchaus möglich, daß sie unabhängig voneinander auf die gleiche Idee gekommen sind.

Nachdem Iskender den Grill und den Spieß auf die Beine gestellt hatte, tauften die Bewohner Bursas die Neuerung »einen sich drehenden Kebap«, also Dönerkebap. Unter diesem Namen ging das für seinen Geschmack hochgerühmte Essen schließlich in die türkische Küchensprache ein.

Das Rezept zur Zubereitung des Dönerkebap wurde in der Familie Iskender von einer Generation zur nächsten weitergegeben. Für eine Reportage des türkischen

Fernsehsenders TRT aus dem Jahr 1990 erläuterte ein Nachkomme das Rezept des zweiten Urvaters des Dönerkebap.

Das Rezept des Kochs Iskender aus Bursa
erzählt von Rennan Yaman

Das als Ganzes vom Fleischer kommende Hammelfleisch trennen wir fein säuberlich von den Knochen und entfernen mit großer Geduld die Sehnen. Das dünn geschnittene Fleisch verarbeiten wir in eine Form von Blättern, die wir mit einem Eisen weichklopfen. Das für den Döner ungeeignete Fleisch verarbeiten wir zu Hackfleisch und fügen es jeweils zwischen den am Dönerspieß aufeinanderliegenden Fleischschichten hinzu. Zum einen wird auf diese Weise der Kebap weicher, zum anderen fällt das fette Fleisch nicht unangenehm ins Auge.

Der Dönerkebap wird folgendermaßen serviert: Ein spezielles Pide wird über dem Grillfeuer gut ausgebacken. Danach wird das Brot in quadratischer Form oder in der Form des Baklava rautenförmig geschnitten auf den Teller gelegt. Das in dünnen Streifen abgeschnittene gebratene Fleisch wird dann nebeneinander auf das Pide gelegt. Je nach Wunsch des Kunden kommt es pur oder mit Joghurt auf das Pide. Danach wird zerlassene Butter darübergeträufelt, und man fügt auf dem Grill gebratene Tomaten und scharfe grüne Peperoni als Garnierung hinzu.

Wie verbreitet ist diese Zubereitungsart heute in der Türkei?

Jeder Koch hat sein eigenes Rezept und seine eigenen Tricks zur Vorbereitung des Fleisches mit Kräutern oder in einer speziellen Marinade. Köche, die das Rezept der Iskender-Familie kopieren, mögen zwar die gleiche äußere Form erreichen, aber nicht den Geschmack. Zumal das Fleisch der Hammel und Lämmer aus der Gegend von Bursa einen unvergleichlichen natürlichen Geschmack hat, da man die Tiere auf den mit Thymian bewachsenen Bergweiden grasen läßt.

Es gibt in Ankara und in Istanbul auch heute noch vereinzelt berühmte Köche, die auf ihre eigene Weise diese delikate Art des Kebap zubereiten. Zu ihnen zählt der von mir hoch geschätzte Koch Necip Ertürk, der heute in den USA lebt und arbeitet. (Das Rezept Necip Ertürks siehe S. 39.)

Ich höre heraus, daß Sie von rühmlichen Ausnahmen sprechen. Ist es denn heute um den Döner so schlecht bestellt?

In den letzten zwanzig Jahren haben Dönerköche im In- und Ausland dieses Gericht nur noch nach rein ökonomischen Erwägungen zubereitet. In der Regel wird von unwissenden Personen eine industrialisierte Form des »Döner« verkauft, so nehmen sie der Sache ihren eigentlichen Esprit. Aus Gewinnsucht stellen sie den Dönerkegel ohne irgendwelches Lamm- oder Hammelfleisch aus der Keule oder dem Brustfleisch des Kalbes oder Rindes her, das sie in Stücke schneiden und mit Eisen zurechtklopfen. Das Innere füllen sie mit einem Teig aus Stärkemehl, Brot und Hackfleisch verschiedener Sorten. Nur zu Täuschungszwecken werden ein paar Schichten fettes und sehniges Fleisch, das zudem falsch gewürzt ist, in den

Dönerkegel eingefügt, um es schließlich bis zum Verkauf einzufrieren.

Neben diesem zurechtgeschusterten Döner verkauft man bei uns auch noch ein Gericht unter dem Namen »Gyros«, so als wäre es eine Spezialität der Griechen und gar dortselbst erfunden. Es besteht aus Schweinefleisch, das in eine spezielle Kräutermarinade eingelegt, in handdicke Scheiben geschnitten und dann, wie es gerade kommt, aufeinandergeschichtet und im Dönergrill gebraten wird, um anschließend dick abgeschnitten und als trockenes Fleisch mit undefinierbarem Geschmack verkauft zu werden. Das in dieser Form hergestellte Fleischgericht stellt meiner Meinung nach eine Beleidigung für den Namen Dönerkebap dar. Indem sie in ein Viertel Brot kleingehackten grünen Salat, Zwiebeln, Tomatenscheiben und ähnliches hineinlegen und, um das Auge zu täuschen, zehn oder zwölf Wurstscheiben hinzufügen, betrügen sie die Leute.

Was können wir zur Rettung des Dönerkebap tun? Wie sieht für Sie die ideale Zubereitung aus?

Natürlich ist es unmöglich, diese degenerierte Form von einem Tag auf den anderen zu beseitigen. Wenn Sie aber einen echten Döner herstellen und ihn den Genießern mit gebuttertem Reis, der im Saft des Fleisches gekocht wurde, oder mit Auberginenpüree zusammen servieren, dann wird der Geist des Koches Hamdi aus Kastamonu und des Koches Iskender aus Bursa, die dieses schöne Essen erfunden haben, sie mit Freude erfüllen.

**Die Dönerzubereitung
à la Rennan Yaman**

Die ideale Form der Zubereitung des Döners sehe ich wie folgt:
Man lasse die Hammelkeulen mit Knochen mindestens acht bis zehn Tage im Kühlschrank stehen, bis die Knochen weich geworden sind. Die Menge berechne man nach der Größe des Dönerkegels, den man herstellen will. Nach der Kontrolle, ob sie ›reif‹ sind, schneide man die Keulen in große Fleischstücke und entferne dabei die Haut, schneide sorgfältig und wohl bedacht die Sehnen heraus und trenne das Fleisch vom Knochen. Die kleinen Fleischstücke, die übrigbleiben, wenn man das Fleisch von den Muskeln, dem Fett und den Sehnen befreit hat, verarbeitet man zu Hackfleisch. Das Hackfleisch, das etwa ein Drittel des Fleisches ausmachen sollte, wird mit einem besonders geschmackvollen Salz durchgeknetet und zur späteren Benutzung als Zwischenfüllung in den Kühlschrank gestellt.
Die von den Knochen getrennten Fleischstücke der Keule werden in Zick-Zack-Form (wie der Buchstabe Z) in dünne Scheiben geschnitten. Diese Teile, wie ein Blatt in der Größe einer Hand, werden in ein breites und tiefes Gefäß geschichtet, das anschließend mit Milch aufgefüllt wird. So läßt man es 15 bis 20 Stunden im Kühlschrank ruhen. Am nächsten Tag läßt man die Milch abtropfen, gibt den durch ein Tuch gepreßten Saft geriebener Zwiebeln, Sonnenblumenöl und ein mit speziellen Kräutern vermischtes Salz hinzu, vermischt dies mit den Händen, so daß es sich mit dem ganzen Fleisch verbinden kann, um das Fleisch sodann mit beiden Händen gut durchzukneten, es sozusagen zu massieren. So sollte es dann in dem Zustand

sein, in dem man es zur Herstellung des Döners verwenden kann.

Nun beginne man damit, das Fleisch auf dem senkrecht stehenden Dönerspieß diagonal aufzuschichten. Zwischen einige Schichten preßt man das gewürzte Hackfleisch, und während man Schicht für Schicht aufeinanderlegt, fügt man Lammnetzfett hinzu und stellt so den ganzen Dönerkegel her. Obendrauf kommt als Abschluß wieder Lammnetzfett. Das Fleisch, welches aus dem geformten Dönerkegel herausragt, rasiert man mit einem Messer ab.

Während der Döner brät, tropfen in die Vorrichtung darunter das Fett und der Saft des Fleisches. Man sammelt in einer Schaufel mit einem besonderen Griff die abgeschnittenen Dönerstreifen. Nun gibt man auf einen vorgewärmten Teller eine Portion gekochten Pirinç-Reis, den man in Fleischbrühe ziehen läßt. Darauf werden die Dönerstreifen nebeneinander gelegt. Daneben kommen Scheiben von gegrillten Fleischtomaten und von Stiel und Kernen befreite, mittelscharfe Peperoni. Je nach Wunsch kann man das Dönergericht auch anstelle von Reis mit Auberginenpüree als Garnitur servieren.

Einspruch

Zweifel an Rennan Yamans Genesis des Döner meldet die Bonner Turkologin Hedda Reindl-Kiel an. Nach ihren Recherchen zur Sozialgeschichte der türkischen Küche, bei denen sie neben den Berichten europäischer Reisender im Mittelalter türkische und arabische Kochbücher sowie die Lebensmittelabrechnungen des Hofes auswertete, ist sie sich nicht einmal sicher, ob der Dönerkebap zuerst in der Türkei oder in den arabischen Ländern aufkam. Zwar habe man in den meisten osmanischen Provinzen des Reiches »wenigstens hin und wieder in die nachbarlichen türkischen Kochtöpfe geblickt«, dafür spreche auf dem Balkan wie im arabischen Raum nicht nur die Zubereitungsart vieler Speisen, sondern auch ihre Benennung.[8] Als Beispiele für viele nennt Hedda Reindl-Kiel aus dem Griechischen *dolmadhes* (türk. dolma, »Gefülltes«) und *tsatsiki* (türk. cacık), aus dem Bulgarischen *kjuftete* (türk. köfte, »Gehacktes«) und *kebabčete* (Kebap, »Gebratenes«) sowie aus dem Serbokroatischen *ćevapčići* (türk. kebap). Allerdings, darauf weist die Turkologin ausdrücklich hin, dürfte hin und wieder der eine oder andere türkische Begriff traditionellen lokalen Speisen einfach übergestülpt worden sein. So läßt sich der arabische Begriff für Suppe, *šurba*, vom türkischen *çorba* ableiten, was natürlich nicht bedeuten könne, daß die Araber vor dem Auftreten der Türken keine Suppe gekannt hätten. Auch bei der arabischen Variante des Dönerkebap, dem Schawarma, der sich begrifflich aus dem türkischen *çevirme*, »Drehbraten«, ableitet, »sind zumindest Zweifel angebracht, ob hier nicht auch lediglich die Bezeichnung, nicht aber das Bezeichnete übernommen wurde«. In den von ihr untersuchten, historischen Kochbüchern tauchen keine Rezepte zur Herstellung von Dönerkebap auf.

Dönerkebap als Fast food

Auch wenn die Allgegenwärtigkeit des Dönerkebap heute anderes nahelegt: Zum schnellen Volksgericht taugte er bis in die jüngste Vergangenheit nicht. Denn der arbeitsintensive Drehspieß ist nur dann ein sinnvolles Gericht, wenn er für einen größeren Abnehmerkreis zubereitet wird. Und der fand sich in der Vergangenheit in der bäuerlich geprägten Türkei außer zu Festangelegenheiten nur an wenigen Orten. Auf dem Land wurde ohnehin zu Hause, im Kreise der Großfamilie, gegessen. Und die Bauern verbrauchten bei ihren Mahlzeiten traditionell nur wenig Fleisch. Vieh war zu wertvoll, um es außer zu wenigen Anlässen im Jahr, wie dem Opferfest oder auf Hochzeiten, selbst zu verzehren. Hauptnahrungsmittel waren Yoghurt, Weizengrütze *(bulgur)* und eben die Suppe *(çorba)*. Selbst in den Mittelschichtskreisen der Metropolen wie Istanbul wurde im Vergleich zu Deutschland wenig Fleisch gegessen. Das war mit ein Grund, weshalb man zu Rennan Yamans Jugendzeit in den vierziger Jahren in Istanbul vergeblich nach Dönerkebap im Straßenverkauf Ausschau hielt. »Damals gab es neben dem heute noch existierenden ›Konyalı‹-Restaurant im Topkapı Serail in der Nähe der Eminönü Yeni Moschee nur einen Armenier, der einen guten Dönerkebap produzierte; auch in Ankara (Itfaiye Meydanı) gab es nach meinen Kenntnissen nur einen Spezialisten.«

In der Gegenwart ist der Fleischkonsum sogar rückläufig, von täglich 49 Gramm im Jahr 1974 auf 30 Gramm im Jahr 1993.[9] Zum Vergleich: In der Bundesrepublik reduzierte sich der tägliche Pro-Kopf-Verbrauch von Fleisch von 181 Gramm (1990) auf 165 Gramm (1994). Die Ursachen für den Rückgang des Fleischkonsums in der

Türkei sind andere als in Deutschland, wo Skandale um Rinderwahnsinn und Kälbermast neue Ernährungsgewohnheiten beförderten. Verantwortlich für die vielen Halbvegetarier wider Willen in der Türkei war zum Beispiel die Empfehlung des Internationalen Währungsfonds aus dem Jahr 1979, eine Exportoffensive zur Behebung der Zahlungsbilanzschwierigkeiten zu starten. Nach dem Militärputsch vom 12. September 1980 machten sich die Machthaber an die Umsetzung: Kräftige Beschneidung der Inlandsnachfrage, Lohnstopp, Ausschaltung der politischen Opposition, Streikverbot und Einschränkungen politischer und gewerkschaftlicher Rechte waren die probaten Mittel zur Erreichung des Ziels. Das Ergebnis: Der tägliche Durchschnittslohn sank zwischen 1978 und 1984 von acht Dollar auf drei Dollar und damit auch der – teure – Fleischkonsum.[10] Erschwerend kam hinzu, daß die Fleischpreise in schwindelerregende Höhe stiegen. Iran und Irak bekriegten sich seit 1980 am Golf und orderten für die Ernährung der Truppen vor allem Schafe. Bitter beklagt ein Student im Sommer 1984 die Folgen für sein Leben: »Der Reichtum fließt außer Landes und mir bleiben nur trockene Bohnen und Reis.«[11]

Eine weitere Ursache für den Rückgang des Fleischkonsums ist der Krieg in Kurdistan. Anfang der neunziger Jahre ging das türkische Militär dazu über, nicht nur kurdische Dörfer, sondern auch die Viehherden systematisch zu zerstören, um den Nahrungsmittelnachschub für die *PKK* zu unterbinden. Hunderttausende von Bauern flüchteten aus dem Kriegsgebiet in die Großstädte. Eine weitere Verknappung des Fleischangebots war die Folge.

Anders als in Deutschland waren in der Türkei in den letzten dreißig Jahren die Entwicklungsbedingungen für ein Fleischgericht wie den Dönerkebap eher schlecht. Daß sich in diesem Zeitraum dennoch in vielen Stadtteilen Istanbuls Dönerimbisse durchsetzten, hat mehrere Gründe. Bereits unter der Regierung von Ministerpräsident Adnan Menderes in den fünfziger Jahren orientierte sich die Gesellschaft am Vorbild der USA. Eine von vielen Folgen: In Großstädten wie Ankara, Istanbul und Izmir kamen Hamburger groß in Mode. Wie nahezu überall auf der Welt veränderte die Industrialisierung der Gesellschaft und die Auflösung sowohl ländlicher Milieus als auch der traditionellen Großfamilien das Eßverhalten. In der Türkei war das spätestens in den frühen sechziger Jahren der Fall, als im Zuge der Mechanisierung der Landwirtschaft die große Flucht vom Lande die Städte überrollte. Die Einwohnerzahl Istanbuls schwoll von einer Million auf mehr als zwölf Millionen an. Die Zeit für den Dönerkebap als Sandwich war reif. Fleischkonsum ist für die in Istanbul als Tagelöhner oder Hilfsarbeiter gestrandeten anatolischen Bauern ein Zeichen des Wohlstands. Und den kann man mit bescheidenen Mitteln am besten öffentlich zur Schau stellen, wenn man an der Straßenecke schnell einen Döner ißt. Dabei spielt es dann auch keine Rolle mehr, daß sich im Vergleich zu deutschen Verhältnissen in dem halbierten Weißbrot recht wenig Fleisch findet.

Die »bessere« Gesellschaft und die Jugendlichen zieht es heute in die Sandwichbars. 1983 arbeitete ich für einige Wochen in einem Hamburgerladen, dem Sanus Büfe unweit der Süleyman-Moschee. Vor allem Studenten stürmten zur Mittagspause das enge Lokal. Auch hier war es vor allem eine Frage des Prestiges: Wer kann sich für viel Geld eine relativ bescheidene Mahlzeit, wenngleich von internationalem Ruf, leisten? Das Erfolgsgeheimnis des

Imbisses, in dem die Hamburger in einer Nische mit dem Schraubverschluß einer Orangensaftflasche geformt wurden: Hier, in der »westeuropäisierten« Zone, traf man die hübschesten Studentinnen, und die Enge der Räumlichkeiten erlaubte sogar den einen oder anderen körperlichen »Kontakt«. Die ansonsten allgegenwärtig auf Tradition, Sitte und Anstand bedachten älteren Istanbuler hielten sich fern. Sie aßen ein paar Lokale weiter das bessere und billigere, altehrwürdige Köfte.

Wenige Jahre später, in den Neunzigern, hat McDonald's die Bedeutung von Snackbars wie dem Sanus Büfe als Flirtstrecke für die Istanbuler Jugend verdrängt. Auf die Frage »Warum gehen Sie bei McDonald's essen?« erntete der Istanbuler Journalist Ömer Erzeren entgeisterte Blicke von dem angesprochenen jungen Mann: »›Sieh doch die Lebendigkeit, das moderne zivilisierte Leben. Wo kommen sonst noch soviel junge Leute zusammen? Und wo kann ein 17jähriges Mädchen alleine hin, ohne angemacht zu werden?‹ Mein junger Interviewpartner hat recht: Der Ort ist ein Paradies für Schülerinnen und Schüler. Ein Junge streichelt einem Mädchen die Haare. Liebschaften beginnen und enden hier. Was zählen schon die Nivellierung des Geschmacks, die schwarze Brühe, die sich Kaffee nennt, die recht teuren Preise und die engen und dreckigen Toiletten?«[12]

Theorien, wonach sich der Dönerkebap erst nach seinem triumphalen Erfolgszug in Deutschland als Sandwich in der Türkei durchsetzte, wird von Experten widersprochen. Rennan Yaman: »So zwischen 1965 und 1970 begannen die ersten kleinen Büfes, Döner auf der Straße zu verkaufen.« Und Hedda Reindl-Kiel: »Den Döner im Straßenverkauf gab es zwar selten. Aber ich kann mich gut daran erinnern, daß er im Großen Bazar bereits in den sechziger Jahren angeboten und von Angestellten der Geschäfte in der Mittagspause gegessen wurde.« »Der Westen ist lüstern auf unseren Magen« titelte die türkische Tageszeitung *Hürriyet*, nachdem das Meinungsforschungsinstitut Kamar in einer empirischen Studie das ganze Ausmaß der Veränderung des Fastfood-Verhaltens der Istanbuler zu Tage gefördert hatte: »Fast jeder zehnte Istanbuler ißt mittags bereits Hamburger, der Frauenanteil ist noch höher. 40,6 Prozent bevorzugen Cola. Das traditionelle türkische Yoghurt-Getränk Ayran kommt gerade auf 29,3 Prozent. Die überwältigende Mehrheit der zeit- und verkehrsgestreßten Istanbuler muß außer Haus zu Mittag essen. Kein Wunder, daß sich Fast food steigender Beliebtheit erfreut. Doch trotz der Fast-food-Ketten versorgen noch immer Kolonnen fliegender Händler, Kioske und winzige ›Lokantas‹ (Restaurants) die hungrige Bevölkerung mit in Sekunden zubereiteten Kleinigkeiten. Der traditionelle Imbiß hat sich nicht durch den Hamburger verdrängen lassen. Über 21 Prozent der Istanbuler essen mittags noch Köfte, fast 18 Prozent Dönerkebap, und 14,5 Prozent suchen noch eine Lokanta auf, in der es Suppe, gemüsereiche türkische Küche und anschließend Süßspeisen gibt.«[13]

Das Rezept des Kochs Necip Ertürk
nacherzählt von Rennan Yaman

Der echte Geschmack des Dönerkebap kann nur erreicht werden, wenn er aus Hammelfleisch hergestellt wird. Um einen guten Döner zu machen, muß man über Praxis und Erfahrung verfügen, das Fleisch in wenige große Stücke in Papierstärke zu schneiden. Der andere wichtige Punkt ist die Entfernung der Sehnen aus dem Fleisch, was natürlich genaue Kenntnisse darüber verlangt, wo diese zu finden sind.

Ein Wort zur alten Streitfrage: Gehört in den Dönerkebap Hackfleisch oder nicht? In meinem langjährigen Berufsleben bin ich dazu gekommen, dem Döner ein Drittel Hackfleisch hinzuzufügen. Allerdings wird dieses Hackfleisch während der Zubereitung des Fleisches für den Döner nach Entfernung der Sehnen aus dem gleichen Fleisch hergestellt. Soweit ich von den Köchen der Paläste und Schlösser gehört habe, fügten auch sie Hackfleisch hinzu.

Zum Würzen: Jeder Koch hat seine eigene Form der Vorbereitung. Manche legen das Fleisch am Abend in Milch, ein wenig Ei, Olivenöl, Salz, schwarzen Pfeffer und Zwiebelsaft ein. Manche lassen das Ei und die Milch weg. Welche ist besser? Nach meiner Auffassung ist eine übermäßige Vorbereitung des Fleisches nicht gut. Es besteht die Gefahr, daß der Eigengeschmack des Fleisches vom Geschmack der Gewürzlake überlagert wird. Ebenso sollte man zuviel Zwiebelsaft vermeiden. Denn dieser ändert nicht nur den Geschmack des Fleisches, sondern läßt es auch nachdunkeln. Zum dritten sollte man auch keine zu vielfältigen Gewürzmarinaden benutzen, da sonst die Gefahr besteht, daß der Geschmack des inneren Teils des Dönerkegels, der während des Bratens noch nicht gargekocht ist, zerstört wird.

Wenn Sie das Fleisch so dünn, wie ich es beschrieben habe, zuschneiden können, besteht keine Notwendigkeit, es schon am Abend vorher einzulegen. Benutzen Sie von den beiden folgenden Marinaden die von Ihnen bevorzugte, um das Fleisch am Morgen darin einzulegen.

Rezept A: Für 1 Kilogramm von Knochen und Sehnen befreites Fleisch: 1/2 Mokkatasse Zwiebelsaft mit einem 3/4 Wasserglas raffiniertem pflanzlichem Öl.

Rezept B: Für 1 Kilogramm von Knochen und Sehnen befreites Fleisch: 1/2 Mokkatasse Zwiebelsaft mit einem 1/2 Wasserglas raffiniertem pflanzlichem Öl und 1/2 Wasserglas kalter Milch.

Legen Sie ein Kilo des Fleisches in ein dafür ausreichend großes Gefäß und fügen Sie die gewünschte der beiden Marinaden ohne den Zwiebelsaft hinzu. Massieren Sie die Marinade in das Fleisch ein und lassen Sie es zwei Tage im Kühlschrank stehen. Fügen Sie danach den aus den Zwiebeln gepreßten Saft hinzu und lassen Sie das Fleisch, nachdem sie den Saft einmassiert haben, weitere 24 Stunden im Kalten stehen. Lassen Sie die Marinade abtropfen und würzen Sie mit Salz und Pfeffer nach. Können Sie das Fleisch nicht in der beschriebenen Form zuschneiden, müssen Sie es mehrere Tage einlegen.

Wenn Sie mich fragen, welches Fleisch für den Dönerkebap geeignet ist, so sollte es zu 80 Prozent Hammelkeule sein, aber auch die anderen Teile des Hammels oder des Lamms — außer Bein und Kamm — können Sie verwenden. Auch darf man nicht vergessen, daß ein Fünftel des Döners aus Lammnetzfett besteht. Um dem Hackfleisch, das zwischen die Schichten kommt, einen besonderen Geschmack zu geben, ist es empfehlenswert, kräftig zu würzen und gut durchzukneten.

»Ich liebe dich, ich begehre dich,
ich fresse dich. Was bleibt ist ein Hauch von
deinem Duft in meinen Kleidern.«
Iris Wegner, Schauspielerin

Wie der Döner über die Deutschen kam

»Was haben Sie im Westen gemacht?«, befragte ein Fernsehreporter einen jungen DDR-Mann, der in der Nacht zum 10. November 1989 in den Ostteil der Stadt zurückkehrte. »Kebap gegessen«, lautete die begeisterte Antwort. Als die Ostberliner nach 28 Jahren zu Hunderttausenden ihr Raumschiff verließen und sanft im Westen landeten, stärkten sich viele erst einmal mit einem Döner. Der schmeckte nach Freiheit und Westen. Döner und DDR-Bürger, das war Liebe auf den ersten Blick. Innerhalb weniger Monate verfielen sie dem Döner. Heute, sechs Jahre später, verschlingen die Ostbürger nicht weniger als 450 000 Döner-Sandwiches täglich. Auf welchen Wegen die Ostbürger zu ihrem geliebten Döner kamen, ist bekannt. Aber wie kam der Döner über die Westdeutschen?

Der erste Döner-Imbiß machte 1971 in der Adalbertstraße, Ecke Oranienstraße im damaligen *Asma Altı* (Unter den Weintrauben) auf. Er wurde von Kör-Bilâl, dem blinden Bilâl, und seiner Familie betrieben. So die Erinnerung Filiz Yürekliks. Sie kam 1964 als eine der ersten »Gastarbeiterinnen« nach Berlin. An Wochenenden lief sie nach turbulenten und durchtanzten Nächten mit ihrer Gang regelmäßig gegen vier Uhr morgens dort auf. Nach alter türkischer Tradition aßen die Fließbandarbeiterinnen von AEG und Telefunken vor dem Nachhauseweg eine *işkembe çorbası* (Kuttelsuppe). Der mit Knoblauch und Essig gewürzten Suppe wird eine ausnüchternde Wirkung nachgesagt. Als Kör Bilâl mit seinen zwölf Kindern nach Adana zurückkehrte, wechselte die Clique zum *Bolkepçe*.

»Den ersten Döner-Spieß in Berlin? Den gab es Ende der sechziger Jahre als Tellergericht im vornehmen Restaurant *Istanbul* in der Knesebeckstraße«, behauptet dagegen Ahmet Yeter, Betreiber des *Bolkepçe* am U-Bahnhof Görlitzer Straße. »Ich eröffnete allerdings am 12. Oktober 1971 den ersten türkischen Imbiß in Berlin. Zunächst gab es nur Hähnchen, ab 1973 dann auch Dönerkebap.« Ahmet Yeter hat in seinem früheren Leben als Arbeiter bei Eternit gearbeitet. Längst ist er eine Kreuzberger Institution. Als er seinen Imbiß mit dem Charme der Lokantas anatolischer Busbahnhöfe eröffnet hatte, wurde ihm die Tür von der anfänglich überwiegend türkischen Kundschaft im wahrsten Sinne des Wortes eingerannt. Tag und Nacht herrschte Hochbetrieb. Das Schloß der Eingangstür ging kurz nach der Eröffnung kaputt. Fünfzehn Jahre lang, bis zu einem Umbau im Jahr 1987, mußte es nicht repariert werden. Hier bewahrheitete sich der Spruch »Berlin ist durchgehend geöffnet«. Ein »Türkenlokal« sollte *Bolkepçe* allerdings nie sein. Demonstrativ wird die deutsch-türkische Freundschaft beschworen. Über der Eingangstür sind die türkische und die deutsche Flagge gezeichnet, aus ihnen heraus umfassen sich zwei Hände zum Gruß. Die 76jährige Rentnerin aus Neukölln nimmt die Einladung an: »Ich esse seit fünfzehn Jahren

meinen Kebap bei Ahmet. Mir schmeckt er hier am besten.« Jede Woche fährt sie einmal von Neukölln nach Kreuzberg, um in familiärer Umgebung ihren Döner zu essen. Bei allen Verdiensten um die deutsch-türkische Verständigung – der Gründervater des Berliner Döners ist Ahmet Yeter wohl doch nicht.

»Nein, *Bolkepçe* war nicht der erste. Ibrahim Keyif war es. Er eröffnete 1969 einen Döner-Imbiß in der Potsdamer Straße«, widerspricht Akyıldız. Er will seinerseits 1969 den ersten türkischen Export-Import-Laden Berlins eröffnet haben. Der Erfolg hat offensichtlich viele Väter. Tatsächlich gab es den ersten Dönerkebap im Nachkriegsberlin mit größter Wahrscheinlichkeit im Restaurant *Istanbul*. Die Wiege des neuen Berliner Volksgerichtes war der edle Freßtempel allerdings nicht. Zu elitär waren die Gäste, zu teuer die Menüs, zu wenig bekannt das Lokal beim Durchschnittsberliner. Nicht als Tellergericht, sondern als im Straßenverkauf angebotener Fastfood-Artikel schaffte der Dönerkebap den Durchbruch.

Und eine Fast-food-Bude war das *Istanbul* nun wahrhaftig nicht. Also weiter in der ethnographischen Suche.

In der Münchener Region läßt sich der Pionier der regionalen Dönerszene leichter ausmachen. Dort nimmt Mehmet Altındağ für sich in Anspruch, den Döner unter die Bayern gebracht zu haben. Der Besitzer des an der Goethestraße gelegenen *Sultan-Restaurants*: »Es begann 1977 in Starnberg am Tag des ausländischen Mitbürgers. Da habe ich erstmals Döner angeboten und gemerkt, daß die Deutschen ihn mögen. Anschließend habe ich 1978 in München einen Verkaufsstand eröffnet.« Tatsächlich eroberte Altındağ die Weißwurst-Fans im Sturm. Heribert Thallmaier, seit 25 Jahren Bürgermeister in Starnberg, war der erste Kunde. »Ich habe gemeinsam mit dem Landrat und dem Vorsitzenden des Landesarbeitsamtes einen Dönerkebap gegessen«, bestätigt er auf Nachfrage. Um indiskret zu sein: Der Bürgermeister hat am Festnachmittag nicht weniger als drei Döner gegessen. Übertroffen wurde der Ortsvorsteher allerdings von einem Bürger seiner Gemeinde. In seiner urbayerischen Euphorie verschlang dieser neun Döner, so die Topmeldung der Lokalpresse über diesen fulminanten Initiationsritus am Starnberger See.

Gründungsmythen

Eine eigene Geschichtsauffassung über die Entstehung der Dönerkultur vertritt der Currywurst-Experte Gerd Rüdiger: »Überhaupt fing die Geschichte der Dönerkebap-Buden mit der Berliner Currywurst an. Als nämlich die ersten Türken nach Berlin kamen, kannten sie Kebap nur als Tellergericht. Das wollten sie den Berlinern dann auch gerne als türkische Spezialität anbieten. Lange wußten sie nicht, warum das nicht funktionierte, bis sie bemerkten, daß die Berliner, wie sonst kaum ein anderes Völkchen, bevorzugt auf der Straße essen. Also nahmen sie ihr Lammfleisch vom Teller, viertelten die runden Fladenbrote und benutzten diese Brotviertel als Taschen. Fortan nahmen die Berliner Döner an – sie nahmen es auf die Faust.«[1]

Diese Erklärung mag Lokalpatrioten begeistern. Sie wertet die in Bedrängnis geratene Currywurst in ihrer Bedeutung auf, und sie bedient die notorische Großmannssucht vieler Berliner. Aber so richtig zu überzeugen vermag diese These nicht, auch wenn sie an anderer Stelle Unterstützung erfährt. »Wer mit kulinarischen Erfahrungen aus der Berliner ›Imbiß-Szene‹ in die Türkei fährt, wird den beliebten Dönerkebap auf dem Teller serviert bekommen. Im Jahre 1987 eröffnete eine große amerikanische Fast-food-Kette in Istanbul. Wahrscheinlich ist es nur eine Frage der Zeit, bis auch der Typ des ›Berliner Döner-Imbiß‹ als kulinarischer Reimport das gastronomische Angebot in den türkischen Städten erweitert. Der ›Berliner Döner-Imbiß‹ – viel spricht für diese These – scheint aus der langen Imbißtradition in dieser Stadt (Rost-, Brat- und Currywurst) entstanden zu sein. Es waren türkische Gastronomen, die diese Tradition aufgegriffen, durch heimische und orientalische Elemente verändert haben.«[2] Neue Weltenläufe entstehen, wenn Berliner sie interpretieren. Tatsächlich wurde der Döner in Istanbul, Jahre bevor er in Berlin bekannt wurde, als Sandwich angeboten. Nur die Form und Zubereitungsart unterschied sich von der Berliner Variante.

Die Geburtswehen

Bis Wissenschaftler den Gegenbeweis liefern, biete ich folgende Entstehungsgeschichte des Berliner und in der Folge des deutschen Dönerkebap an:

Ende der sechziger Jahre registrierten Gastarbeiter bei Heimaturlauben Veränderungen des Speisezettels entlang der Route in ihre Heimatdörfer. Der an einigen Büfes angebotene Döner, in einem halbierten länglichen Weißbrot mit etwas Salat serviert, wurde gerne angenommen. Er schonte die strapazierte Reisekasse, ließ sich sprichwörtlich im Vorbeifahren »einpfeifen« und sparte somit wichtige Minuten und Stunden beim waghalsigen Rennen »Berlin–Erzurum–Berlin«.

Auch die Tagträume und Gedanken während der eintönigen Fahrt entlang der E 5 und durch die weiten Ebenen Anatoliens wandelten sich. In den sechziger und frühen siebziger Jahren herrschte der Stolz über das in Deutschland Erreichte vor. Die Vorfreude auf die bewundernden Blicke der zurückgebliebenen Verwandten angesichts des erworbenen und zur Schau gestellten Wohlstands erwärmte das Herz. Sie entschädigte für die Strapazen und das Heimweh.

Bis 1974, als die Beschäftigung mit 617 531 türkischen Arbeitnehmern ihren historischen Höchststand erreichte, war kaum einer der Reisenden ernsthaft daran interessiert, einen Imbiß oder einen Gemüseladen zu eröffnen. Sich zu verschulden und sich über Jahre an einen Kleinkrämerladen zu ketten, war keine erstrebenswerte Perspektive. Garantierte Tariflöhne, gesetzliche Urlaubsansprüche, Krankheits- und Altersvorsorge – was wollte man mehr? Lediglich 6000 Selbständige gab es damals bundesweit unter den rund eine Million in Deutschland lebenden Türken.³ Einige Gemüseläden, Reisebüros und Lokale zur gemeindenahen Versorgung der Arbeitsmigranten wurden eröffnet. Mehr nicht. Eine selbständige Erwerbstätigkeit paßte einfach nicht in die vorherrschende Lebensplanung. Und die lautete damals: Ein paar Jahre in der Fabrik arbeiten, möglichst viel Geld auf die hohe Kante legen und dann als gemachter Mann oder Frau in die Heimat zur Familie zurückkehren.

Mit der Weltwirtschaftskrise 1974/75 wurde die Hoffnung auf schnellen Wohlstand in Deutschland erschüttert. Die Arbeitslosenzahlen schnellten in die Höhe. Und die Zahl der sozialversicherungspflichtig beschäftigten Türken sank innerhalb eines Jahres um 65 000. Sie reduzierte sich bis 1978 weiter auf 514 694. Vielen der Reisenden dämmerte: Das deutsche Wirtschaftswunder ist offensichtlich keine endlose Erfolgsstory. »Almanya, Almanya« – der alltürkische Traum zeigte unerwartete Schwächen. Die einst mit so schmeichelhaften Worten von den deutschen Betrieben Umworbenen mußten erfahren, daß ihnen als ungelernten Arbeitern im konjunkturabhängig produzierenden Gewerbe, in der Bauindustrie und im Bergbau als ersten die Kündigung ins Haus flatterte. Bereits während der Krise 1966/67 entfiel ein Drittel des Gesamtrückgangs der Beschäftigung auf die Ausländer. Während die Zahl der Deutschen nur um drei Prozent zurückging, schrumpfte die Zahl der beschäftigten Ausländer um rund 25 Prozent. Noch stärker waren Ausländer während der Weltwirtschaftskrise 1974/75 betroffen: Rund 44 Prozent des Beschäftigungsrückgangs entfielen nun auf sie.⁴

Erste Überlegungen – Was tun, wenn ich in meinem Betrieb vor die Tür gesetzt werde? – wurden angestellt. In wie vielen Daimlern und Ford Transits in der zweiten

Hälfte der siebziger Jahre solche Gedanken während der Fahrt ins Heimatdorf oder in die Gecekondus, die Armensiedlungen der Großstädte, durch die Köpfe geisterten, ist nicht mehr zu ermitteln. Auf alle Fälle verunsicherten der im November 1973 verhängte Anwerbestopp und die 1975 erfolgte Kürzung der Kindergeldsätze für Kinder, die im Heimatland geblieben waren, die Menschen zusätzlich.

Wievielen Familienvätern beim Zwischenstopp am Büfe in Anatolien der rettende Gedanke »Das ist es! Ich eröffne einen Döner-Laden in Berlin!« kam, wissen wir nicht mit letzter Sicherheit. Klar ist nur, daß in dieser Zeit der Dönerkult geboren wurde. Ahmet Yeter: »Ab 1973 ging es ganz schnell. Ein Dönerimbiß nach dem anderen eröffnete in Kreuzberg.« Und Filiz Yüreklik: »Wir Einwanderer sind, wenn es ums ökonomische Überleben geht, erfinderisch. Und der Döner ist eine Überlebensstrategie.«

Aber noch sollte es einige Jahre dauern, bis der Dönerkebap zu einem echten Berliner Hit wurde. Einerseits war der Dönerkebap vielen Deutschen schlicht unbekannt und zu exotisch. Andererseits gab es heute kaum noch nachvollziehbare logistische Probleme. »Damals gab es noch keine Dönerproduzenten, alles mußte ich selbst organisieren. Den Fleischeinkauf, den Döneraufbau, das Brot – alles«, erinnert sich der Betreiber der *Dönerix*-Imbiß-Kette Izzet Aydoğdu mit Grauen.[5] Einige erfolgreiche Probeläufe als Kebapverkäufer auf Pressefesten der SEW-Zeitung *Die Wahrheit* und Kreuzberger Straßenfesten ermutigten den Studenten, 1975 in der Wrangelstraße den Imbiß *Arkadaş* zu eröffnen. Ganz offensichtlich, so sein dabei gewonnener Eindruck, sind auch die Deutschen für den Döner zu gewinnen. Sind erst einmal deren

Vorbehalte gegen Knoblauch und Hammelfleisch geknackt, tut sich ein Absatzmarkt auf. Aber was als Finanzierungsquelle des Studiums gedacht war, endete mit einem bis zu zwanzigstündigen Arbeitstag. Denn der Metzger, der ihm zunächst den Döner baute, verlangte pauschal 150 Mark. Egal, ob er nun zehn oder hundert Kilogramm wog. Bei diesen Herstellungskosten ließ sich kein Gewinn machen. Also baute Aydoğdu nachts in stundenlanger Arbeit den Spieß auf, den er am anderen Tag verkaufen wollte. Nach einem Jahr gab Izzet Aydoğdu ausgelaugt und um viele Erfahrungen reicher auf. Sein Gelübde: »Nie wieder Döner!«

Die Geburtshelfer

Während die ersten Türken in Heimarbeit ihre Döner bauten, veränderte sich die Republik. Was als Begrenzung der Zahl der ausländischen Arbeitskräfte gedacht war, förderte in Wirklichkeit deren Zuzug. Nach Inkrafttreten des Anwerbestopps Ende 1973 stieg die Zahl der in Deutschland lebenden Türken zwischen 1974 und 1982 von einer auf anderthalb Millionen an. Der Grund: In den siebziger Jahren war klar, daß sich die ökonomische Dauerkrise in der Türkei auf absehbare Zeit nicht bessern würde. Gleichzeitig reichte für die meisten Arbeitsmigranten die Zeit, die seit ihrer Anwerbung verflossen war, nicht aus, um ausreichend Kapital für das Leben in der Heimat zusammenzusparen. Also holten die Arbeitsmigranten ihre Familien nach Deutschland. Aus der Arbeitsmigration wurde eine Einwanderung. Mit dem Familiennachzug sollte wenigstens für die engsten Familienangehörigen die Möglichkeit offengehalten werden, in der trotz Krisenerscheinungen unermeßlich reichen Bundesrepublik zu leben. Eine der sozialen Folgen: Betrug die Erwerbsquote 1974 bei der türkischen Bevölkerung 71 Prozent im Gegensatz zu 42 Prozent bei den Deutschen, reduzierte sie sich bis 1980 auf 48 Prozent.[6]

Zeitgleich mit der Familienzusammenführung begannen die Einwanderer, sich ein ökonomisches Netzwerk aufzubauen. Die größer gewordenen Familien brauchten neue Einnahmequellen. Flickschneidereien, Gemüseläden, Friseure, Metzgereien, Schuster, Bäckereien, Glasereien, Restaurants, Reisebüros und eben Dönerkebap-Stuben wurden eröffnet. Die Zahl selbständiger Türken stieg zwischen 1970 und 1980 in Berlin von 500 auf rund 1000 (bundesweit um 1000 auf 7000).

Aber noch waren, wie folgender beispielhafter Lebenslauf zeigt, große Hindernisse zu überwinden: »Ein Gastwirt, der einer Kleinbauernfamilie entstammt, ging in die Provinzstadt, um Bäcker zu lernen, und machte sich dort mit wenig Kapital als Bäcker und Gastwirt selbständig. Als zweiten Schritt seiner Karriere ließ er 1972 seine Frau nach Deutschland anwerben. Sie arbeitete in einem Krankenhaus. Der Ehemann kam 1974 nach. Anfangs arbeitete er in einer türkischen Bäckerei. Schon 1976 machte er sich als Gastwirt selbständig, mußte jedoch aufgrund der ausländerrechtlichen Bestimmungen im Rahmen einer türkischen fiktiven GmbH sein Gewerbe organisieren. An diese GmbH bezahlte er hohe Schutzgelder, die es ihm vier Jahre schwermachten, seinen Betrieb zu sanieren. Kapital für den Betrieb waren Familienersparnisse, Bankkredite an seine Frau sowie Leihgaben von Bekannten. Heute arbeiten seine zwei Söhne im Geschäft, und er ist mit dem Geschäftsverlauf zufrieden.«[7]

In den siebziger Jahren verhinderten ausländerrechtliche Bestimmungen eine schnellere Entwicklung der türkischen Nischenökonomie. Denn eine Aufenthaltserlaubnis wurde regelmäßig mit der Auflage »Selbständige Erwerbstätigkeit oder vergleichbare unselbständige Erwerbstätigkeiten nicht gestattet« versehen. Anders als EG-Ausländer konnten türkische Staatsangehörige einer Gewerbetätigkeit nur nachgehen, wenn sie im Besitz einer unbefristeten Aufenthaltserlaubnis waren. Und diese wurde in den siebziger Jahren frühestens nach fünf Jahren erteilt. Aber auch dann mußte die Gewerbeanmeldung durch die Ausländerbehörde und den Wirtschaftssenator im Einzelfall genehmigt werden. Eine Genehmigung wurde grundsätzlich nur erteilt, wenn »die beabsichtigte Tätigkeit den gesamtwirtschaftlichen Interessen Berlins nicht schadet« und wenn für sie »ein übergeordnetes wirtschaftliches Interesse oder ein besonderes örtliches Bedürfnis besteht«. Ob diese Voraussetzungen erfüllt waren, entschied die Ausländerbehörde nach Anhörung der Industrie- und Handelskammern bzw. der Handwerkskammern. »Deren Stellungnahmen waren lange Zeit ablehnend. Eine Studie des Deutschen Industrie- und Handelstages aus dem Jahr 1981 ergab, daß die Kammern 1980 in lediglich 57 Prozent der Fälle zustimmten.«[8]

Erst der nächsthöhere Aufenthaltsstatus – die Aufenthaltsberechtigung – erlaubte die Gewerbeaufnahme durch eine einfache Eintragung beim zuständigen Wirtschaftsamt. Eine Aufenthaltsberechtigung wiederum wurde frühestens nach acht Jahren Aufenthalt in Deutschland erteilt. Ein zu langer Zeitraum für die Berliner Türken, die in größerer Zahl erst ab 1964/65 angeworben wurden. »Diese Situation führte in der Vergangenheit zu einem System von Strohmännern«, erinnert sich Ahmet Ersöz, Leiter des Beratungs- und Ausbildungszentrums für zugewanderte Gewerbetreibende. Millionenbeträge wurden in den Siebzigern so jährlich an deutsche »Geschäftspartner« verschoben, die ihren Namen zu Betriebsgründungen hergaben. Filiz Yüreklik über ihre Erfahrungen: »Es kam nicht selten zu Erpressungen von seiten dieser Strohmänner. Wenn sie merkten, daß der Laden gut lief und etwas abwarf, verlangten sie einfach mehr Schweigegeld. Möglich war dies, da sie ja Einblick in die Bücher hatten.« Aber auch umgekehrt lief mit diesem System nicht immer alles glatt. Manch gutwilliger »Strohmann« sah sich nach Konkurs »seines Geschäfts« plötzlich mit Schuldenforderungen konfrontiert, die ihm sein »Geschäftspartner« hinterlassen hatte.

Ab den frühen achtziger Jahren boomte schließlich die türkische Ökonomie. Allein in Berlin wuchs die Zahl der türkischen Betriebe zwischen 1981 und 1983 um eintausend auf rund 2000 (bundesweit von 7000 auf 10 000), darunter immer mehr Dönerstände. Erstmals dokumentierte die Presse 1982 mit der Schlagzeile »Kebap und Köfte in Konkurrenz zur Currywurst« die Veränderung im Stadtbild: »Hellbraun schimmert das knusprige Fleisch am senkrechten Spieß, der Saft läuft an der Fleischsäule herunter und mit einem langen Messer wird das dampfende Fleisch hauchdünn abgesäbelt. Diese Art der Zubereitung ist in der Stadt längst zum gewohnten Anblick geworden. Immer mehr Imbißfreunde ziehen einer Curry- oder Bockwurst das orientalische ›Dönerkebap‹ vor, wie diese Spezialität heißt. Anfangs nur in Kreuzberg zu entdecken, finden sich Imbißstände mit Kebap-Angebot inzwischen überall im Stadtgebiet. Genau gezählt hat sie niemand, die Schätzungen bewegen sich zwischen 80 und 200 Ständen.«[9]

Langsam, aber unaufhaltsam eroberte sich der Dönerkebap Marktanteile. 1984 lautete die Schlagzeile bereits: »Dönerkebap – nun die vierte Nationalspeise der Berliner. Im Wettbewerb mit Bockwurst, Schaschlik und Hamburger hat sich das türkische ›Dönerkebap‹ längst auf dem Berliner Markt durchgesetzt. Das Kalbfleisch am senkrechten Spieß, eingehüllt in ein Viertel Fladenbrot und angereichert mit Salatblätterstreifen und Gewürzen, findet mehr und mehr Gefallen bei den Berlinern. Branchenkenner schätzen: An die 200 Straßenstände und Imbißstuben türkischer Provenienz dürfte es inzwischen geben. Nicht gerechnet die Restaurants.«[10]

Was waren die Bedingungen für das türkische »Beschäftigungswunder« der achtziger Jahre? Natürlich motivierte einmal mehr die drohende Arbeitslosigkeit zur Geschäftsaufnahme. Von der Strukturkrise der frühen achtziger Jahre waren erneut ausländische Arbeiter am stärksten betroffen. Die Zahl der beschäftigten Ausländer reduzierte sich in den Jahren 1981 bis 1984 mit 19,6 Prozent um ein Vielfaches mehr als bei den Deutschen mit minus 2,5 Prozent.[11] Und 1985 erreichte die Ausländerbeschäftigung mit 1,57 Millionen sozialversicherungspflichtig Beschäftigten, nach 2,4 Millionen im Jahr 1973 und 2,0 Millionen im Jahr 1980, ihren Tiefstand. Entsprechend enwickelten sich die Arbeitslosenquoten:

Entwicklung der Arbeitslosenquoten

Jahr	Bundesweit	Türken	Ausländer insg.
1979	3,2	4,2	3,9
1980	3,5	6,3	4,8
1981	5,4	11,2	8,5
1982	7,5	14,9	11,8
1983	8,6	16,7	13,7
1985	8,7	14,8	13,1
1987	8,4	15,5	14,1
1989	7,3	11,6	11,1
1990	6,6	10,0	10,0
1991	7,3	11,0	10,6
1992	8,5	13,5	12,3
1993	9,8	17,4	15,3
1994	10,6	20,5	16,2
1995	10,4	–	16,6

Quelle: Bundesanstalt für Arbeit, Angaben in Prozent.

Die Rationalisierungs- und Automatisierungswelle der achtziger Jahre traf Berlin besonders hart. AEG, Siemens, Telefunken und Zanker-Haushaltsgerätewerke – die großen Namen der deutschen Elektroindustrie knipsten in ihren Werkhallen die Lichter aus. Die verlängerte Werkbank der Bundesrepublik wurde schlicht und ohne großes Aufheben leergeräumt. Zurück blieben die Bandarbeiter. Zwar entstanden auch in Berlin neue Arbeitsplätze. Aber der in den achtziger Jahren vollzogene Strukturwandel, weg vom produzierenden Gewerbe hin zu den Dienstleistungsberufen, ging an den Arbeitsmigranten vorbei. Und auch an deren nun berufstätigen Kindern. Denn die suchten noch weitgehend in den gleichen

Branchen Arbeitsplätze wie ihre in den sechziger Jahren angeworbenen Eltern. Aber: Für diesen robusten Arbeitertyp ländlicher Herkunft besteht kein Bedarf mehr. Das bleibt nicht ohne Folgen für das Selbstbewußtsein. Konnte in der Vergangenheit ein fester Arbeitsplatz »in einem prosperierenden Industriezweig durchaus als biographischer Aufstieg gewertet werden, ist dies für die bereits in Deutschland geborene ›zweite Generation‹ kein Erfolg mehr. Zugleich lassen die harten Einschnitte in Wirtschaftsbereichen wie Kohle, Stahl, Maschinenbau und Automobilindustrie diese Arbeitsplätze immer weniger sicher erscheinen.«[12] In der Tat betrug die Arbeitslosenquote unter den Türken Berlins 1995 über 25 Prozent.

Familientreffen am Dönergrill

Aber die Verlierer gaben sich nicht geschlagen. Auch nicht, als sich ab 1983 der gesellschaftliche und politische Druck auf sie erhöhte. Immer mehr Deutsche drängten die türkischen Arbeiter nach ihrer Entlassung, doch bitte aus dem Land zu verschwinden. Aber die Türken blieben und kämpften sich durchs Leben. Einmal herausgefordert, gelang der türkischen Community in den Folgejahren etwas, worüber sich die Neider lange Zeit in Schweigen hüllten. Ohne Subventionen, staatliche Unterstützung und wirtschaftsfördernde Maßnahmen schufen sie in der Bundesrepublik der achtziger Jahre rund 100 000 Arbeitsplätze.

Aber drohende Arbeitslosigkeit war nur ein Faktor, der das »türkische Beschäftigungswunder« möglich machte. Vor allem die repressive Ausländerpolitik des Berliner Senats beflügelte die Phantasie. Der am 20. November 1981 in Kraft getretene legendäre »Lummer-Erlaß« machte vielen Einwanderern klar, daß ihr Aufenthalt in Deutschland keineswegs gesichert war. Dieser Erlaß sah unter anderem die Ausweisung aller Ausländer vor, die das 18. Lebensjahr vollendet hatten und noch keine fünf Jahre in Berlin lebten. Aber auch Ausländer, die bereits länger als fünf Jahre dort lebten, sollten ausgewiesen werden, wenn sie sich in keinem Ausbildungs- oder Arbeitsverhältnis befanden. Als politische Begründung für diese inhumanen Regelungen führte der damalige Innensenator Berlins, Heinrich Lummer, aus: »Ohne diese Maßnahmen drohen schwerwiegende Konflikte und Belastungen des Gemeinwesens, darüber hinaus müsse ansonsten für das Ende der achtziger Jahre mit Rassenkrawallen und bürgerkriegsähnlichen Zuständen gerechnet werden.«[13]

Bis Ende der achtziger Jahre mußten alle Arbeitsmigranten ohne verfestigten Aufenthaltsstatus, die ihren Lebensunterhalt und den ihrer Familien nicht selbst finanzieren konnten, mit Ausweisung rechnen. Wer mehr als drei Monate Sozialhilfe bezog, dem konnte die Aufenthaltserlaubnis entzogen werden. Vielen Türken in Berlin, aber auch andernorts drohte nach Ablauf des Bezuges von Arbeitslosengeld die Abstufung in die Sozialhilfe und damit der Rausschmiß.

Zahlreiche Familien schwebten daher seit 1981 in der Gefahr, bereits kurz nach ihrer »Zusammenführung« wieder auseinandergerissen zu werden. Die einzige Rettung aus diesem Teufelskreis: die Selbständigkeit. Glücklicherweise, und das unterschied die Situation von den siebziger Jahren, waren türkische Einwanderer nicht mehr auf deutsche »Strohmänner« angewiesen. Denn inzwischen lebten genug von ihnen länger als acht Jahre in Deutschland, erhielten also die Aufenthaltsberechtigung und konnten sich problemlos selbständig machen. Das Ergebnis dieser Entwicklung ist bekannt – Flickschneidereien, Bäckereien, Reisebüros und Dönerstände. Diese Krauterläden sind mehr als eine Einnahmequelle. Sie sind Teil eines Netzwerks und eines sozialen Sicherungssystems, das Verwandte und Bekannte mit schlechterem aufenthaltsrechtlichen Status vor Ausweisung und Abschiebung schützt.

Endstation Döner?

Und noch etwas förderte die Flucht in die Selbständigkeit. Je mehr in den achtziger Jahren von Unions- und SPD-Politikern ein »Türkenproblem« herbeigeredet wurde, desto heftiger verfiel ein Teil der Deutschen in eine Anti-Türken-Paranoia.[14] Auch am Arbeitsplatz. Filiz Yüreklik zog wie Tausende ihrer Landsleute frühzeitig die Konsequenz: »Bei dieser Stimmung in den Betrieben möchte ich, selbst wenn es wieder möglich wäre, nicht mehr in der Fabrik arbeiten. Da ziehe ich es vor, mich finanziell ein wenig einzuschränken, und arbeite statt dessen in meinem eigenen Laden.« Nachdem sie mehr als fünfzehn Jahre in Großbetrieben der Berliner Elektroindustrie gearbeitet hatte, machte sie sich Anfang der Achtziger mit einem Textilgeschäft in Kreuzberg selbständig. »Hier kann mich kein Vorarbeiter oder Meister mit ausländerfeindlichen Sprüchen schikanieren.«

In dieser Zeit waren die Erwartungen an eine finanzielle Verbesserung gegenüber der vorhergehenden Beschäftigung selten das Motiv von Existenzgründungen. Die Brüder M., die einen Gemüseladen mit Dönerverkauf in Berlin-Moabit betreiben: »Ist doch klar, weshalb wir uns selbständig gemacht haben. Die nehmen heute in den Betrieben nur die Besten, die Abitur haben oder auf der Universität waren. Die wollen Leute, die sich mit Computern auskennen.« Als M. nach einer befristeten Arbeit beim Gartenbauamt erneut abeitslos wurde, dachte er sich: »Besser, ich mache meinen eigenen Laden auf, als wieder herumzusitzen und nichts zu tun.« Die neu erworbene Freiheit hält die beiden Brüder auf Trab. Mehr als 70 Stunden die Woche. Über ihre Umsätze schweigen sie sich aus: »Es reicht zum Leben, ohne reich zu werden.«

Und wie entwickelte sich die Dönerszene in all den Jahren? 217 Dönerkepab-Verkaufsstellen zählte der Senator für Gesundheit 1983 in Westberlin. Im Februar 1990 waren es nach einer Erhebung bereits 400. Heute, sechs Jahre später, sind es in der größer gewordenen Stadt bereits 1300. Wurden türkische Betriebe vor zehn Jahren noch überwiegend in den innerstädtischen Vierteln, den Einwandererquartieren, gegründet, finden sich die Dönerbuden, die sich Ende der achtziger Jahre zunächst in den gutbürgerlichen Vierteln Berlins wie Steglitz, Wilmersdorf und Zehlendorf ausbreiteten, heute auch im Rest der Republik. In keinem anderen Bereich türkischer Betriebe ist die Akzeptanz bei den Deutschen so groß wie beim Döner. Eine Befragung unter Betreibern von Dönerbuden im Februar 1990 ergab: Rund drei Viertel der Kunden sind Deutsche.[15]

Sklavenhalter

1989 belegen Hunderte von Döner-Spießen in Berlin: Hier zieht sich eine in wirtschaftliche und gesellschaftspolitische Bedrängnis geratene Gruppe am eigenen Schopf aus dem Sumpf. Wer Erfolg hat, der braucht sich um Neider keine Sorgen zu machen. In Berlin meldeten sie sich schon bald zu Wort. Es ist kein Zufall, daß die »Republikaner« bei den Abgeordnetenhauswahlen im Januar 1989 aufgrund ihres Anti-Türken-Wahlkampfes den bislang größten politischen Triumph feiern konnten. Mit den Überlebensstrategien, die sie aus den Elendssiedlungen (Gecekondus) der türkischen Großstädte mitgebracht haben, und den für das Kleingewerbe unverzichtbaren verbindlichen Familienstrukturen erweisen sich türkische Familien im Vergleich zu ihren deutschen Kollegen als resistenter gegenüber der andauernden Beschäftigungsmisere. Mit ihren Kleinsthaushalten sehen die Deutschen keinen Weg aus der Langzeitarbeitslosigkeit und dem Sozialhilfestatus. Und natürlich neiden die Rechtswähler den türkischen Nachbarn ihren scheinbaren Wohlstand – den eigenen Laden. Ahmet Ersöz, Mitarbeiter des Instituts für vergleichende Sozialforschung, nennt den zu entrichtenden Preis: »Die Kleinunternehmen sind alles andere als Goldgruben. Das Nettoeinkommen ist mit wenigen Ausnahmen gering.« Nach den Erhebungen von Ersöz liegt der Stundenlohn Ende der achtziger Jahre zwischen sechs und sieben Mark: »Ein ausreichendes Familieneinkommen erreichen die Selbständigen nur deshalb, weil kaum jemand von ihnen unter dreizehn Stunden am Tag arbeitet und die Familienangehörigen und Verwandten mithelfen. Es werden kaum Fremde beschäftigt.«[16]

Für den gelernten Schlosser Mehmet M. ist die Arbeit im Döner-Imbiß die einzige Möglichkeit.[17] Der Stempel »eingeschränkte Arbeitserlaubnis« gestattet es ihm nur, in der Gastronomie zu arbeiten. Bereits seit vier Jahren arbeitet er nun als Kebapverkäufer, zur Zeit in der Potsdamer Straße. Mehmet M. ist von seinem Arbeitsplatz alles andere als begeistert: »Die Bedingungen sind beschissen. Ich arbeite zwölf bis dreizehn Stunden am Tag, bekomme zwei freie Tage im Monat. Und das für tausend Mark.« Bezahlten Urlaub oder Krankenvorsorge gibt es nicht. »In vier Jahren bin ich erst einmal in Urlaub gefahren. Ich mußte meinen Job vorher kündigen und nach den vier Wochen wieder einen neuen in einem anderen Imbiß suchen.« Einmal, als Mehmet M. ins Krankenhaus mußte, feuerte ihn sein Chef postwendend. Während der Mittagszeit verkauft Mehmet fünfzig Döner in einer halben Stunde. Fließbandarbeit. Bankangestellte, Sekretärinnen und Zuhälter springen herein und warten ungeduldig auf ihren Mittagssnack. Keine zwanzig Sekunden dauert die Zubereitung eines Döners. Schweißtreibende Arbeit am Spieß.

Der Rettungsanker »Döner« schafft eine gnadenlose Konkurrenz. Unter den Dönerbuden in einer Straße tobt ein erbitterter Preiskrieg. Zwischen drei Mark und einer Mark achtzig kostet der Döner. Nur mit diesem sagenhaften Preis-Leistungs-Verhältnis lassen sich Konkurrenten aus der Nachbarschaft, aber auch McDonald's und die anderen Fast-food-Riesen aus dem Feld schlagen. Ausbeutung und Selbstausbeutung sind grenzenlos. Wie selbstverständlich arbeitet der neunjährige Yalçın im elterlichen Betrieb mit. Mit der Selbstverständlichkeit eines Erwachsenen nimmt er die Bestellungen auf, kassiert die Kunden ab. Täglich sechs bis acht Stunden.

Mehmet M. dagegen hofft, in einem halben Jahr eine uneingeschränkte Arbeitserlaubnis zu bekommen, um der Sklavenarbeit zu entfliehen. Sein Traum ist bescheiden: Er möchte endlich in einer Fabrik unter menschenwürdigen Bedingungen arbeiten. In der Potsdamer Straße zeigt sich, daß es durchaus noch ein paar Stufen unter dem geht, was Günter Wallraff 1985 als Türke Ali »ganz unten« bei McDonald's erleiden mußte. Der illegal in Deutschland lebende Hakan M., der bei freier Kost und Logis nach einem achtzehnstündigen Arbeitstag in einer Ecke des Imbisses schlafen darf und am Monatsende mit ein paar hundert Mark abgespeist wird, würde gerne mit Wallraff/Ali tauschen. Sollte er das Buch jemals in die Hände bekommen, müßten sich Wallraffs Beschreibungen wie Schilderungen halbwegs korrekter Zustände anhören: »Nacht- und Überstunden, lerne ich (Ali), werden einer vertraulichen Arbeitsanweisung zufolge nur in vollen Stunden abgerechnet. Das heißt, bis zur halben Stunde wird ab-, danach aufgerundet. Aber meistens abgerundet. Gestempelt wird nicht, wenn man kommt, sondern wenn man umgezogen am Arbeitsplatz erscheint. Und wenn man geht, ist es ebenso: erst stempeln, dann umziehen. So klaut man dir die Zeit doppelt.

Es ist Vorweihnachtszeit. Der Andrang ist enorm. Ich (Ali) bekomme 7,55 DM brutto Stundenlohn für eine Tätigkeit, die sich mit jeder Fließbandarbeit vergleichen läßt. Außerdem wird mir (Ali) pro Arbeitsstunde noch eine Mark Essensgeld angerechnet. Nach acht Stunden läßt mich der Manager wissen, daß ich mir (Ali) jetzt aus dem McDonald-Sortiment ruhig etwas aussuchen dürfe.«[18] Und weiter von *Ganz unten*: »Eine junge Kollegin erzählt mir, daß ihr in der achtstündigen Arbeitszeit sehr oft keine Pause zugestanden wurde. Als sie fragte, bekam sie nur die Antwort: ›Weiter! Weiter!‹ Wer zum Arzt will, bekommt vom Manager zu hören: ›Das bestimme ich, wann hier jemand zum Arzt geht.‹ Einmal frage ich (Ali), ob ich jetzt meine Erholungszeit einlegen kann. Die Antwort kenne ich schon: ›Wann Sie Pause haben, bestimme ich.‹ Einen Betriebsrat gibt es nicht.«[19]

Die von Wallraff geschilderten unsozialen und menschenunwürdigen Bedingungen bei McDonald's haben sich nach einer Reihe gewerkschaftlicher Auseinandersetzungen in den Jahren 1986 bis 1988 gebessert. Die Dönerbranche ist von humanen Arbeitsbedingungen noch weit entfernt.

Unglücklich verbringt Hatay T. (24) im Herbst 1995 ihre Tage auf der Entbindungsstation einer Kreuzberger Klinik. Vor drei Tagen brachte sie ihr drittes Kind zur Welt. Gerne würde sie ihre Freude mit ihrem Mann teilen. Aber der hat keine Zeit für Besuche. Zwischen dem Stillen denkt sie häufig darüber nach, ob es ihr heute in dem kleinen zentralanatolischen Dorf nicht doch besser ginge als hier. Aber die Langeweile des dörflichen Lebens und die Intoleranz der Nachbarn trieb sie schon ein halbes Jahr nach ihrer Hochzeit zurück nach Berlin. Eine Arbeit hat sie nicht mehr gefunden. Gemeinsam mit ihren Kindern lebt sie seitdem von Sozialhilfe. Ihr Mann, Mesut T. (36), folgte ihr ein halbes Jahr später – ohne Aufenthalts- und Arbeitserlaubnis und ohne Deutschkenntnisse. Vor zwei Tagen besuchte er sie kurz. Auf dem Weg vom Großmarkt zur Imbißbude »klaute« er seinem Patron, einem früheren Nachbarn aus dem Dorf, eine Viertelstunde der kostbaren Arbeitszeit. Als Illegaler, der für die deutschen Behörden bis heute nicht existiert, ist er ihm mit Haut und Haaren ausgeliefert. Ein falsches Wort, eine Unachtsamkeit, und er steht auf der Straße. »Als wir dem

Patron vor drei Jahren von unseren finanziellen Schwierigkeiten erzählten, sagte er: ›Kein Problem. Ich helfe euch. Mesut kann in meinem Grillrestaurant arbeiten‹«, berichtet Hatay T. Verbittert erinnert sie sich an die großen Worte, die damals fielen. »Für eintausend Mark Lohn muß mein Mann täglich siebzehn Stunden lang arbeiten. An sechs Tagen in der Woche. Er kommt auf einen Stundenlohn von zwei Mark fünfzig.« Am frühen Morgen geht es in den Großmarkt, anschließend werden die Speisen vorbereitet, der Grill angeworfen. Nach Geschäftsschluß stehen dann noch die Reinigungsarbeiten an.

Etwas »humanere« Bedingungen herrschen im Saarland. »Wir werden uns bessern«, versprachen Kebap-Budenbesitzer dort im November 1995 reumütig.[20] 28 Fahnder des Arbeitsamtes Saarbrücken überprüften die Beschäftigten von 76 Kebap-Brätereien im Saarland und im Raum Trier. Die Beamten spürten 57 illegal Beschäftigte auf. Eine lange Liste von Gesetzesverstößen wurde zusammengetragen. Darunter Verstöße gegen das Asylverfahrens-, das Bundesseuchen-, das Sozialhilfe- und das Ausländergesetz. Nach Auskunft des Einsatzleiters vom Saarbrücker Arbeitsamt, Michael Sesar, arbeiten die Illegalen für acht Mark die Stunde auf die Hand. »Wir werden die Kontrollen wiederholen«, kündigte Sesar an. »Bei den Pizzabäckern hat sich nach unseren Kontrollen vor ein paar Jahren die Beschäftigungsmoral enorm verbessert. Ein ernstes Wörtchen wird allerdings der Lebensmittelkontrolldienst mit einigen Budenbesitzern reden müssen. Bei mehr als der Hälfte waren die hygienischen Zustände mehr als bedenklich«, resümiert Sesar.

Vermutlich wird für immer im Dunkel der Geschichte bleiben, wo und wann sich der erste Dönerspieß in Deutschland drehte. Aber die Stationen seines Siegeszuges lassen sich nachvollziehen. Kreuzberg ist der Geburtsort: Hier stimmten alle Voraussetzungen, um den Grundstein für eine Industrie zu legen, die den Dönerkebap schließlich zum beliebtesten Fast food der Deutschen machte. Türkische Singles, die für kulinarische Innovationen aufgeschlossene und für Alternativen zur vorherrschenden Currywurst dankbare bunte Szene (Studenten, Wehrflüchtige, Klassenkämpfer, Internationalisten und Berufsproleten) waren die zuerst erschlossenen Absatzmärkte. Billige Mieten am städtischen Rand halfen, die Gründerjahre zu überstehen. Von hier aus breitete sich der Döner konzentrisch aus. Zunächst erfaßte er die angrenzenden Stadtteile mit vergleichbarer, wenn auch etwas heterogener Bevölkerungsmischung. Anschließend wurden die benachbarten bürgerlichen Viertel Berlins vom Dönerfieber infiziert, dann der Rest der Republik. Freiburg wurde Mitte der achtziger Jahre, Tübingen 1987, Würzburg 1989, Crailsheim 1990, Passau 1992 an den multikulinarischen Zeitgeist angeschlossen. Und kam der Dönerkebap auch spät über den Osten, so feierte er hier seine größten Triumphe.

»Döner? Wie so vieles auf der Welt: ungesund und unverzichtbar.«
Şükriye Dönmez, Schauspielerin

Pfusch am Döner

Als Franke liebe ich das Essen. Vor allem die fränkische Küche. Wirklich heimisch fühle ich mich erst in den traditionellen Gasthöfen südlich von Thüringen; in den Wirtshäusern, die seit Generationen von Familien betrieben werden und etwas zu verteidigen haben – ihre handwerkliche Ehre. Hier werden keine Zugeständnisse an modische Strömungen gemacht. Die bestellte Halbe ist wirklich noch ein halber Liter Bier, der Schoppen Wein ein Viertelliter. Und jede Mahlzeit wird mit einem hauseigenen Obstler abgerundet.

Würzige Bratwürste mit Sauerkraut, ein pikanter Schweinebraten, Leberknödelsuppe, Rinderrouladen, feiner Kalbsbraten... Vollkommenes Glück ist ein Altweibersommernachmittag in einem fränkischen Winzerdorf während der Zeit der Weinlese. Der erste Most gärt in den Kellern. Die Sonne wärmt mit letzter Kraft, und ein feucht-modriger Geruch durchzieht die Straßen. Wer in diesem Ensemble jemals eine einfache Bauernmahlzeit, einen »Brotzeitteller« mit weißen und roten Gelegten, geräuchertem Schinken und Würzgurken genießen durfte, der weiß um den faden Geschmack der Surrogate, die in städtischen Restaurants mit wohlklingenden Namen für teures Geld angeboten werden.

»Schlagt die Hand ab, dem Verbrecher, der dies zu verantworten hat!« – das waren meine ersten Gedanken als Neuberliner. Was hier Mitte der siebziger Jahre in schmuddeligen Bäckereien und abgeranzten Metzgereien als Kreationen des Berliner Handwerks geliefert wurde und zum Entsetzen auch noch Kundschaft gefunden hatte, war nicht nur ein Generalangriff auf die Geschmacksnerven. Es grenzte an Körperverletzung. In Bayern, Baden-Württemberg oder gar in Österreich hätten aufgebrachte Bürger diese Verhunzer göttlicher Gaben längst der Stadtgrenzen verwiesen. Zumindest wäre die Diskussion um mittelalterliche Strafen wie Teeren und Federn, öffentlicher Pranger, Rädern oder Eintauchen in die Jauchegrube neu entflammt.

Die Berliner, so erscheint es dem Fremden, betrachten Nahrungsmittel nicht auch als mögliche Genußmittel, sondern ausschließlich als gebundene Moleküle, denen keine andere Funktion zukommen soll, als sie schlicht am Leben zu erhalten. Die Ernährungslage in den siebziger Jahren war ähnlich düster wie ein in der Gründerzeit errichtetes und durch Kriegseinwirkungen gezeichnetes Altbauviertel an einem verhangenen, naßkalten und versmogten Wintertag in den Zeiten vor der Stadtsanierung: grau, trist, deprimierend und zum Himmel stinkend.

Weshalb läßt der Berliner, ansonsten doch so stolz auf seine Schnoddrigkeit, schnelle Schnauze und seinen Freiheitswillen, ausgerechnet bei dem was den Menschen u. a. erst ausmacht, nämlich gutes Essen, alles, aber auch alles mit sich machen? Es ist eines der letzten Geheimnisse der Stadt. Wie ein autistisches Kind frißt und stopft der Berliner in sich hinein, was ihm vorgesetzt wird. Wie ein geschlagener Stadtstreicher, der längst den letzten Rest Würde verloren hat, schiebt er sich zwischen die Kiemen,

was der Zufall so bietet. Welten trennen ihn von dem stolzen Neapolitaner, der sich leidenschaftlich und über Stunden mit seinen Nachbarn über die Qualität von Pasta streiten kann, oder darüber, wie die Tomatensauce, die jede Pizza krönt, beschaffen sein sollte. Welten liegen auch zwischen dem subalternen Berliner und dem wertkonservativen Bayern. Der eine schweigt und frißt, der andere geht auf die Barrikade, wenn der örtliche Metzger versucht, ihm irgendwelchen Schmu unterzuschieben.

Wie tief muß eine Population in ihrer Selbstachtung gesunken sein, um die Nachkriegskreation Currywurst – mit und ohne Darm – über Jahrzehnte als ihr Hauptnahrungsmittel anzunehmen und den nach 1945 in Umlauf gebrachten Tomatenketchup als kulinarische Revolution zu begreifen? Jeglicher verstandesmäßigen Annäherung verschließt sich der Berliner, wenn man ihn an einer der Tausenden von Imbißbuden beobachtet. Mit zufriedenem Grunzen spießt er seine vom Würstchendealer zerlegte Wurst – auch das ein Ausdruck bedenklicher Infantilität – mit einem kleinen Plastikgäbelchen auf, schlingt sie hastig hinunter, um sodann mit ketchupverschmierten Mundwinkeln nochmals einen Nachschlag zu ordern.

Kebap oder Ke-Papp?

In einer dieser »Grillstationen«, wie sich diese Fast-food-Betriebe hin und wieder selbstbewußt nennen, in der Dunckerstraße im Ostberliner Stadtteil Prenzlauer Berg habe ich im Herbst 1995 die Vorhölle betreten. Ein kleiner Kebapspieß – bis dahin war mir unbekannt, daß auch zwei, drei Kilospieße im Umlauf sind, – dreht sich mit unendlicher Langsamkeit um die eigene Achse. Der Döner ist von einer undefinierbaren, schwitzig-klebrigen Konsistenz und dunkelbrauner Farbe. Es ist 20 Uhr und Hochbetrieb. Junggesellen stürmen die Bude auf der Jagd nach etwas Eßbarem. Sättigen soll es und vor allem den Bierdurst anregen. Wie die bestellten »Gerichte« heißen, ist nebensächlich. Hier zählen ohnehin nur Pökelsalz und jede Menge Geschmacksverstärker als Qualitätsmerkmale. Wie quengelige, hungrige Kinder ihre Eltern nach einem langen Tag im Freibad triezen, treiben die Kunden den Wirt zur Eile an. In altem Fett fritierte Currywürste und Buletten sowie Pommes inklusive Bier und Schnaps werden in Windeseile über den Verkaufstresen geschoben. Hier, in unmittelbarer Nachbarschaft zu Hotdog, Bockwurst und »Dany's schneller Küche«, hat der Döner seine definitive Berliner Veredelung erfahren.

Gewohnt, bei Recherchen härteste Herausforderungen anzunehmen, protestieren sämtliche Sinnesorgane und Körperzellen, nachdem das Stammhirn aus lauter

Pflichtgefühl den Befehl ausgesandt hatte: Augen zu! Los! Testessen! – Nein, diesen Döner eß' ich nicht!, melden Magen, Augen, Geruchsinn und Geschmacksnerven angewidert zurück. – Hab dich nicht so. Es geht um die Glaubwürdigkeit deiner Recherchen. – Nein, von Selbstverstümmelung steht nichts im Vertrag!, rebellieren die Eingeweide. Der Körper droht mit einer Speiseröhrenverklappung. Der innere Kampf dauert qualvolle Minuten. Währenddessen fuhrwerkt der »Grillmeister« unbeirrt und selbstzufrieden mit Mikrowelle, Friteuse, Hotdogs, Schnapsgläsern, Bierflaschen und verkochtem Kaffee herum. Der Laden brummt. Wahrscheinlich hat es sich der dreißigjährige Wirt in seinem früheren Leben nicht erträumt, für das von ihm angerichtete kulinarische Debakel jemals so viel Zuspruch zu erhalten wie an diesem Ort.

Nach eingehendem Studium der vom Junggesellenskorbut gezeichneten, fahlen Gesichter der Kundschaft siegt die Vernunft. Bei einem Bier gewinnen die Schilderungen eines befreundeten Streetworkers, der im südlich gelegenen Neukölln über Jahre einen deutschen Familienclan betreute, an Glaubwürdigkeit: »Die Töchter gaben zugunsten ihrer Kinder ihr Jugendleben auf, brachen Ausbildung und Berufsleben ab und blieben daheim. Die Kinder wurden nur selten medizinisch versorgt. Sie hatten schwarze Zähne, niemand hatte je ihre Augen kontrolliert, und so manchen Sehfehler hätte man, rechtzeitig erkannt, sicher beheben können. Die Ernährung war mangelhaft, denn es fehlten Vitamine und frisches Gemüse. Meistens gab es Pommes mit Ketchup und sonstiges Fast food. Die Nuckelflaschen der Kleinkinder waren mit Coca-Cola gefüllt.«[1]

In der Nachbarschaft des Clans, rund um die Neuköllner Hermannstraße, kämpfen mehr als zwanzig Dönerstände um die Kundschaft. Sie hat vor allem eines im Visier – ein »Schnäppchen«. Die ausgeprägte Schnäppchenmentalität der Berliner – Wo bekomme ich den größten, fettesten Döner für den geringsten Preis? – brachte einen ganzen Berufsstand auf die schiefe Ebene. In den achtziger Jahren konnte der aufmerksame Konsument einen rapiden Qualitätsverfall des Berliner Dönerkebap schmecken. Was damals als Döner zwischen dem Fladenbrot versteckt wurde, brachte so manchen Altkonsumenten auf die Palme. Just zu diesem Zeitpunkt wurde die selbstauferlegte Zurückhaltung gestandener Internationalisten gegenüber den türkischen Immigranten brüchig. Kritische Stimmen mehrten sich. 1988 war der deutsch-türkische Dialog, die friedliche Koexistenz, selbst in der Döner-Hochburg Kreuzberg vor dem Imbiß ernsthaft gefährdet. Die Journalistin Elisabeth Klappheck sah sich angesichts dieser besorgniserregenden Entwicklung zur Intervention genötigt: »Döner-Phobie – Kollektive Einbildung vorm Futternapf« schimpfte sie und dokumentierte Kreuzberger Lokalkolorit: »Wir Linken haben gegen Evren demonstriert, doch die Türken in Kreuzberg wollen uns mit dieser Scheiße vergiften, sagte einer der Demonstranten. Das Fleisch sei schlecht, wenn nicht gar gesundheitsgefährdend; es bestehe nur aus Weißbrotpampe vermischt mit Rinderfett.« Und Klappheck kommt zu dem politisch korrekten Schluß: »Eine mitunter rassistische Phobie gegen den Dönerkebap breitet sich aus.«[2]

Natürlich hatte die Kritik nichts mit Rassismus zu tun. Es war der letzte Versuch einer wachen Minderheit, die über einen Rest von Geschmacksnerven verfügte und noch nicht vollständig der kulinarischen Agonie verfallen war, mit einem lauten Aufschrei der vollständigen Verberlinerung des Dönerkebap Einhalt zu gebieten. Die Qualität des Dönerkebap war 1988 auf den Hund gekommen, sprich: auf Berliner Fast-food-Niveau heruntergewirtschaftet. Statt des in Scheiben übereinandergeschichteten Kalb-, Rind- oder Lammfleischs, des Yaprakdöner, gelangten neue Varianten in Umlauf. Bei dem Dönerkebap der achtziger Jahre handelte es sich mehrheitlich um durchgewolftes Gehacktes, das mit Stärke zusammengehalten wurde.

Der Lebensmitteltechnologe Josef Jöckel vom Landesuntersuchungsinstitut für Lebensmittel in Berlin alarmierte 1988 nach der Analyse von 62 Proben die Öffentlichkeit: Mehr als die Hälfte hatte mit dem Dönerkebap nichts als den Namen gemein. Sie enthielten einen zu hohen Anteil an Hackfleisch – zum Teil bis zu 100 Prozent. Zusätzlich wurde das Fleisch mit Paniermehl und wasserbindenden Diphosphaten gestreckt. Mit diesem Verfahren sollte verhindert werden, daß die Pampe beim Schneiden unter den Fingern wegkrümelte. In Metzgerkreisen wird die Chemikalie aufgrund ihrer Eigenschaften auch »Maria Hilf« genannt.

Fünf Jahre zuvor ermittelte Josef Jöckel in einer ersten Testreihe lediglich einen Hackfleischanteil zwischen einem Drittel bis zur Hälfte. Damals hatte der Berliner Dönerkebap mit seinem Verwandten aus der Türkei mehr gemein als die äußere Form. Ende der achtziger Jahre war er allerdings nicht viel mehr als eine »Brühwurst am Spieß«, angereichert mit allerlei exotischen Beilagen. Innovative Dönerproduzenten, so fand Jöckel heraus, hatten die Hackfleischspieße mit Brot und kleingeriebenen Keksen »haltbar« gemacht. Aus dem Kebap war schließlich ein abenteuerlicher Ke-Papp geworden.

Bei anderen Stichproben entdeckten die Prüfer Spieße, bei denen das Kalb- und Rindfleisch mit billigerem Schweinefleisch vermischt war. Übrigens keineswegs ein Fehltritt der wilden Achtziger. Auch heute werden ab und zu minderwertige Innereien und das »unreine« Schweinefleisch verarbeitet. Selbst »Helal«-Betriebe, die ihre Produkte angeblich nach islamischen Regeln zubereiten, schrecken vor dieser Schweinerei und gottlosen Täuschung ihrer ungläubigen Kundschaft nicht zurück. Auch in München macht dieser im schlechtesten Wortsinne »Multikulti-Spieß« neuerdings Schule: »In letzter Zeit müssen wir leider feststellen, daß immer häufiger Schweinefleisch verwandt wird. Wir hatten sogar Fälle, da bestand der Kebap zu hundert Prozent aus Schweinefleisch. Andere Spieße werden unzulässigerweise mit billigem und minderwertigem Putenfleisch gemischt«, beklagt Veterinäroberrätin Trudel Eckart vom Landesuntersuchungsamt für das Gesundheitswesen Südbayern in Oberschleißheim, das seit 1994 die in der Region angebotenen Dönerkebaps untersucht. Ohne besondere Kennzeichnung ist Putenfleisch zur Herstellung nicht erlaubt.

Die deutsche Hackfleischverordnung

In Berlin ging der rapide Qualitätsverfall mit einem Boom der Verkaufsstände einher. Zehn Jahre lang wurde der Döner nach Eröffnung der ersten Verkaufsstellen Anfang der siebziger Jahre ohne Beanstandungen in der Stadt verkauft. Die von Mitarbeitern der Lebensmittelüberwachung, der Gewerbepolizei und des Landesuntersuchungsinstituts für Lebensmittel, Arzneimittel und Tiersuchen bei Kontrollgängen gezogenen Planproben gaben keinen Anlaß zur Sorge. Der Grund: Bis 1981 war der Yaprak-Döner handelsüblich, also die Dönervariante ohne nennenswerten Hackfleischanteil.

Zwischen 1982 und 1988 verdoppelte sich die Zahl der Dönerverkaufsstände von 200 auf 400. Ab 1981/82 geriet der Dönerkebap ins Visier der Behörden. Mit anderen Worten: Je mehr der Konsumentenkreis sich über die engen Grenzen der türkischen Community hinausentwickelte, je mehr Alt-Berliner ihn neben der Currywurst zu ihrem Leibgericht machten, desto höher wurde der Hackfleischanteil. Mußte der Döner sich in Berlin erst zur überdimensionierten Bulette verwandeln, bevor er seinen Siegeszug antreten konnte? Vieles deutet (leider) darauf hin. Ein mehrheitlich aus Hackfleischgemenge bestehender Döner läßt sich eben stärker würzen. Eine unerläßliche Maßnahme, wenn die auf Geschmacksverstärker konditionierten Berliner als Kunden gewonnen werden sollten.

»Als die Lebensmittelüberwacher Anfang der achtziger Jahre feststellten, daß immer mehr Döner mit Hackfleischanteilen verkauft wurden, mußten wir aktiv werden«, erinnert sich Hans-Joachim Klare vom Landesuntersuchungsinstitut für Lebensmittel. Wichtige Fragen waren zu klären: Fällt der Döner unter die deutsche Hackfleischverordnung von 1976? Wenn ja, wie lange darf dann der Spieß im Umlauf sein? Welche hygienischen Anforderungen an Produktionsstätte und Personal sind zu stellen? Nach der Untersuchung Josef Jöckels im Jahre 1988 gab es keinen Zweifel mehr: Der Berliner Döner ist ein Hackfleischprodukt und unterliegt damit der Hackfleischverordnung.

Wichtigste Konsequenzen[3]: Nach §6 Abs. 3 der

Hackfleischverordnung ist es verboten, Hackfleisch, das zur Herstellung von Dönerkebap verwendet werden soll, aus Beinfleisch, dem Fleisch der Schnittstelle zwischen Kopf und Hals sowie der Stichstelle, aus Zwerchfellmuskulatur, Bauchmuskulatur (Bauchlappen), Knochenputz und aus mittels Separatoren von Knochen abgetrenntem Fleisch zu gewinnen. Dönerkebap darf als Hackfleischerzeugnis nur unter Aufsicht einer in dem Betrieb hauptberuflich sachkundigen Person hergestellt, behandelt und in den Verkehr gebracht werden. Die mit der Herstellung, Behandlung und Inverkehrbringen von Dönerkebap beschäftigten Personen benötigen ein Gesundheitszeugnis. Und: Ein unter Verwendung von Hackfleisch hergestellter frischer Dönerkebap darf nach § 5 Abs. 1 und 3 der Hackfleisch-Verordnung nur am Tag der Herstellung in den Verkehr gebracht werden.

Der Dönerkebap ist ein hygienisch sehr labiles Erzeugnis. Deshalb raten Lebensmitteltechniker: »Falls kleine Spieße nicht in einem Arbeitsgang hergestellt werden können, wird folgendes empfohlen: Hackfleischanteil am ersten Tag wolfen (möglichst unter Kühlung), würzen und mischen. Nach dem Mischvorgang soll das Hackfleisch in dünnen Schichten von höchstens zehn Zentimeter Dicke bis zum nächsten Morgen bei Temperaturen unter vier Grad Celsius durchgekühlt werden. In dieser Zeit bindet das Hackfleisch ab, so daß am nächsten Morgen der Spieß aufgebaut werden kann. Die zwischen dem Hackfleisch eingelegten Fleischscheiben, die am Vortag geschnitten und gewürzt worden sind, müssen aus hygienischer Sicht aus Fleischteilen geschnitten werden, die auch zur Herstellung von Hackfleisch verwendet werden dürfen. Die Verwendung von Bauchmuskulatur (Bauchlappen) als Fleischscheiben stellt ein erhebliches hygienisches Risiko dar und ist aus diesem Grunde entschieden abzulehnen.«[4]

Last but not least ist der fertige Dönerkebap-Spieß nur am Tag der Herstellung verkehrsfähig. Nach Ablauf dieser Frist ist der Rest unverzüglich vollständig durchzuerhitzen oder unschädlich zu beseitigen. Und – darauf sollten Kunden achten – er darf nur in durchgebratenem Zustand an den Verbraucher abgegeben werden. Was bei der zwei bis drei Zentimeter dicken Bulette kein Problem ist, läßt sich bei den gewaltigen, bis zu hundert Kilogramm schweren Fleischkegeln mit einem Durchmesser bis zu fünfzig Zentimetern nur schwer realisieren. Hier ist immer nur die äußere Schicht durchgegrillt. Im Inneren des Dönerspießes entwickelt sich bei Temperaturen zwischen dreißig und vierzig Grad ein quirliges Eigenleben. Eitererreger, Kolibakterien und andere Keime fühlen sich bei diesen Temperaturen und der vorhandenen Feuchtigkeit pudelwohl und vermehren sich, sehr zum Leidwesen der Veterinärämter. Josef Jöckel, Mitarbeiter des Landesuntersuchungsinstituts für Lebensmittel, Arzneimittel und Tierseuchen Berlin: »Bekanntlich besteht die Gefahr einer Lebensmittelvergiftung nur dann, wenn die Erreger in großen Mengen mit dem Lebensmittel aufgenommen werden. Und genau diese Voraussetzung könnte dann vorliegen, wenn, wie häufig bei unseren Untersuchungen festgestellt, die verzehrfertigen Abschnitte wegen einer zu großen Schichtdicke nicht durchgegart waren.«[5]

Also, Augen auf beim Dönerkauf! Ist der Dönerverkäufer um der schnellen Mark willen nicht bereit, zu warten, bis die äußerste Schicht durchgegrillt ist und die Bakterien damit abgetötet sind, dann lassen Sie es um Ihrer Gesundheit willen sein. Ebenso, wenn der Kebapçı nicht in der Lage ist, schöne, dünne Scheiben abzusäbeln. Diese sind nicht nur gesünder, sondern ohnehin schmackhafter als die zentimeterdicken Fleischfetzen, die einem an manchen Buden zugemutet werden.

Um zu vermeiden, daß der Dönergenuß schwer im Magen liegt, sollte der Kunde auch darauf achten, »daß bereits wieder erkaltete Fleischanteile am Spieß selbst oder aus der Auffangplatte vor der Abgabe nochmals gründlich durcherhitzt werden, um etwa vorhandene, durch den Hitzeschock ausgekeimte Sporen oder durch eine Sekundärkontamination aufgetretene Keime abzutöten.«[6] Ohnehin sollte man seinen Döner nur an Imbißständen kaufen, wo das Geschäft läuft und der Spieß nur wenige Stunden vor dem Grill vor sich hinschwitzt. Hier haben die Bakterien und Keime weniger Entfaltungsspielräume als an den Buden, in denen der Döner ewige Stunden seinem traurigen Ende entgegengammelt.

Trotz aller Gefahren, die im Dönerkebap lauern, wurde den Gesundheitsämtern Berlins bislang noch kein Fall einer Lebensmittelvergiftung gemeldet, der sich direkt auf den Genuß eines Dönerkebap zurückführen ließ. »Aber das besagt nicht viel«, erläutert Kebap-Experte Josef Jöckel. »Prinzipiell bereitet es große Schwierigkeiten bei Lebensmittelvergiftungen, im nachhinein den tatsächlichen Verursacher zweifelsfrei zu ermitteln.« Meist gehen die Geschädigten zu spät zum Arzt. Und wer hebt schon die Reste des Döners bis zur Laboruntersuchung auf?

Daß der Dönerkebap seit 1984 der Hackfleischverordnung unterliegt, schreckt die schwarzen Schafe der Branche indessen nicht. »Seit ich gesehen habe, unter welchen hygienischen Bedingungen das Fleisch für die Schlachterei hier angeliefert wird, ist mir der Appetit gründlich vergangen.« Der Pförtner eines Gewerbehofes, auf dem sich eine Dönerproduktion befindet, schüttelt sich voller Ekel. »Halbe Rinderteile fallen in den Schmutz. Die Arbeiter stiefeln über die Tiere, und die abgebeinten Knochen, die hier in den Containern tagelang herumstehen, stinken zum Himmel.« Eine Millionen-Armada von Schmeißfliegen und Wespen macht sich während des Gesprächs zehn Meter entfernt von uns über die Knochen und Fleischreste her. Dieser Mann ist trotz seiner Begeisterung für die Türkei auf absehbare Zeit für den Dönerkebap verloren.

Wenig Lust auf Döner macht auch der Fleischtransport, der im Oktober 1994 in Bretten im Landkreis Karlsruhe gestoppt wurde. »Laut Polizei wurden in dem privaten Personenwagen insgesamt 442 Kilogramm Rindfleisch unverpackt im rostigen Kofferraum, auf dem Rücksitz sowie im Fußraum gefunden. Auf dem Fleisch lag zudem ein gebrauchter Kinderwagen. Das Auto war von einer Polizeistreife wegen einer defekten Nummernschildbeleuchtung angehalten worden. Die beiden Insassen gaben gegenüber den Beamten an, das Fleisch im Schlachthof Pforzheim abgeholt zu haben. Es sollte anschließend in einem Betrieb in Wiesloch zu Döner beziehungsweise Hackfleisch weiterverarbeitet werden. Die gesamte Fleischladung wurde von der Polizei beschlagnahmt.«[7]

Dönerproduzenten sind seit 1984 Stammkunden bundesdeutscher Gerichte. Mal wird, wie geschildert, Fleisch im verrosteten Lieferwagen transportiert, mal in Kleintransportern ohne Kühlvorrichtung, obgleich Hackfleisch nur bei Temperaturen unter vier Grad transportiert werden darf. »Im Vergleich zu den Bulettenherstellern sind die Verfahren gegen Dönerproduzenten wegen Verstoßes gegen die Hackfleischverordnung leider sehr häufig«, klagt Hans-Jochen Klare vom Landesuntersuchungsamt Berlin. »Es gibt regelrechte Serientäter.« Geldstrafen in Höhe bis zu 70 000 Mark wurden bereits verhängt, Betriebe geschlossen. Trotzdem läßt so manche Katze im hart umkämpften Business das Mausen nicht. »Mißbrauch ist im Zusammenhang der Familienclans, die solche Hinterhofklitschen betreiben, nur schwer nachzuweisen. Da wird die Metzgerei kurz vor der Betriebsschließung einfach an den Bruder oder Onkel weitergegeben. Der Angeklagte, der sich Monate oder Jahre später vor Gericht zu verantworten hat, hat mit dem Laden nichts mehr zu tun, zahlt seine Strafe, aber die Produktion läuft unverändert unter den alten Bedingungen weiter«, so Klare, langjähriger Gutachter in entsprechenden Gerichtsverfahren.

Buletten am Spieß

Berlins Dönerproduzenten zogen nach 1984 eine bemerkenswerte Konsequenz aus der für ihr Produkt gültigen Hackfleischverordnung. Sie produzierten nun allen Ernstes Buletten am Spieß. Ein Gesetzesverstoß war das nicht. Schließlich ist Deutschland ein liberales Land. Und da darf so manches abstoßende Produkt auf den Markt gebracht werden, solange es nicht gesundheitsschädlich ist und der Verbraucher nicht übervorteilt wird. Und den Berlinern, die sich mitten in einem Umerziehungsprozeß weg von der Currywurst, hin zum Dönerkebap befanden, schmeckte es ja offensichtlich.

Allerdings entfernte sich der Mitte der achtziger Jahre angebotene Preßdöner aus Gehacktem, Paniermehl, Sojazusätzen, Stärke und Fleischbrät so weit von seinem türkischen Original, daß die Gerichte sich genötigt sahen, einzuschreiten. Hans-Jochen Klare: »Wir wurden beauftragt, zu prüfen, ob es eine Möglichkeit gibt, eine türkische Spezialität zu kreieren und eine Bezeichnung zu finden, die klarstellt, daß es sich dabei möglicherweise um ein dem Dönerkebap äußerlich ähnliches, aber eben doch von ihm verschiedenes Produkt handelt.« Heraus kam nach einem Verwaltungsgerichtsurteil der Dönerschisch (Döner Şiş = Drehspieß) – ein Phantasiename, denn kein Produkt in der Türkei trägt diesen Namen.

Dönerschisch klingt nicht nur wie *Schit*, er war Mist. Neben allerlei zerkleinertem Fleisch durfte er Zutaten wie Stärke, Paniermehl, Geschmacksverstärker und anderes enthalten. Ganz legal. Bedingung: Am Verkaufsstand mußte ausdrücklich darauf hingewiesen werden, daß es sich nicht um einen Dönerkebap, sondern einen Dönerschisch handelt. »Diese Unterscheidung mag für die kebaperfahrenen türkischen Kunden okay gewesen sein. Aber dem Berliner Verbraucher war der Unterschied nicht bewußt. Für ihn war Döner gleich Döner«, faßt Klare die Erfahrungen aus der kurzen Geschichte des Dönerschisch zusammen.

Vor allem ein in Holland vollautomatisch hergestellter Preßdöner eroberte den Berliner Markt. Ab 1987 protestierten die redlichen Dönerhersteller und forderten lautstark Protektion: »Wir können unseren Dönerkebap nicht mehr absetzen. Alle Imbißbuden ordern nur noch den Dönerschisch.« Der Grund: Das Kilo gepanschten Dönerschischs kostete nur rund sechs Mark, der hochwertigere Dönerkebap allerdings zwischen zehn und zwölf Mark. Höchste Zeit für ein Döner-Reinheitsgebot.

Das Berliner Reinheitsgebot

Am 13. Februar 1989 trat schließlich eine ehrenwerte Gesellschaft zur Rettung des Dönerkebap auf den Plan. Vor den Augen der Öffentlichkeit sollte die Frage geklärt werden: »Wie bereitet man einen Dönerkebap zu?« Eingeladen hatte der »Verein türkischer Kaufleute«, der den Dönerschisch rigoros ablehnte und statt dessen ein gleichbleibend gutes Produkt forderte. Erfahrene türkische Köche demonstrierten unter dem Blitzlichtgewitter der Fotografen für die deutschen Freunde des Dönerkebap die richtige Zubereitung. Veli Mete, Vorsitzender des Vereins, verwies darauf, daß zwischen 5000 und 6000 Berliner Türken von diesem Industriezweig lebten. »Im Interesse der türkischen Kaufleute, die unter anständigem Namen Waren in anständiger Qualität anbieten und sich nach den Kriterien jederzeit von den Lebensmittelprüfern testen lassen wollen, gilt es, Qualitätskriterien zu entwickeln, woraus ein Döner für Berlin bestehen soll«, so der Chef der Lebensmittelüberwachung bei der Gesundheitsverwaltung, Ripke, in seinen einleitenden Worten.

An diesem Tag ging es um nichts geringeres, als die essensmäßig verrohten Berliner ganz altväterlich vor den Folgen ihres Geschmacksverlustes zu schützen und Mindeststandards für einen Fast-food-Artikel festzulegen. In München waren solche obrigkeitsstaatlichen Interventionen im Interesse des unmündigen Konsumenten nicht notwendig. Die Bayern hatten sich in einem langjährigen, demokratischen Abstimmungsverfahren vor der Bude längst für den etwas teureren, aber dafür um so leckereren Yaprakdöner entschieden. Auch die Frankfurter wußten: Qualität hat ihren Preis.

Die für die Zukunft des Dönerkebap so wichtige Präsentation dokumentierte der Berliner *Tagesspiegel*:

»Drei Spieße waren auf dem langen Tisch in der Küche aufgebaut, an denen die Köche drei verschiedene Arten der Dönerherstellung präsentierten. Fleischscheiben aus Kalbsbrust, eingestrichen mit einer Gewürzmischung schichtete Alişan Kumaş übereinander. Das verwendete Fleisch muß frei von Nervensträngen sein, der Fettanteil variierte bei den Scheiben. Die genaue Zusammensetzung der Gewürzmischung sei Geschäftsgeheimnis, heißt es in einer Döner-Anleitung der Firma *Ak Sel*, die Besitzer von Imbißbuden mit fertigen Spießen beliefert.

Nebenan schichtet ein anderer Koch abwechselnd Kalbfleischscheiben und Kalbshack auf den Spieß. Dieses Gehackte, in dem ausschließlich Fleisch aus Kalbsbrüsten enthalten sein darf, außerdem Eier, Gewürze, Zwiebel, Pfeffer und Salz, ist fetthaltiger als die nicht gehackten Fleischscheiben. Das Aufspießen, berichtet ein Vertreter der Firma *Ak Sel*, wird in der Türkei als große Kunst betrachtet. Mit geschickter Hand schlitzen sie Löcher in die Scheiben und schichten das Ganze so, daß es nach oben breiter wird. Was dabei herauskommt sind delikate, gut gewürzte hellbraune Fleischstreifen, die anschließend zum Probieren vom Spieß geschnitten werden. Mindestens 45 bis 60 Minuten muß sich nach Auskunft Alişan Kumaş der Spieß gedreht haben, bevor das Fleisch so gut durchgebraten ist, daß es abgeschnitten werden kann.«[8]

Am 1. Juni 1989 schließlich trat die »Festschreibung der Berliner Verkehrsauffassung für das Fleischerzeugnis Dönerkebap« in Kraft. Erarbeitet wurde sie vom Verein der türkischen Kaufleute, der Fleischerinnung Berlin, der Industrie- und Handelskammer Berlin, der Verbraucherzentrale Berlin e.V., Sachverständigen des Landesuntersuchungsinstituts für Lebensmittel, Arzneimittel und Tierseuchen Berlin (LAT) und der zuständigen Fachabteilung der Senatsverwaltung für Gesundheit und Soziales.

Festschreibung der Berliner Verkehrsauffassung für das Fleischerzeugnis »Dönerkebap«:

1. Bei der Herstellung von Dönerkebap wird nur Fleisch vom Kalb, Rind oder Schaf verwendet; Mischungen von Fleisch der drei vorgenannten Arten untereinander sind zulässig.
2. Das Fleisch der Nr.1 hat den Anforderungen des §6 Abs.1 Hackfleisch-Verordnung (grob entsehnt, grob entfettet und max. 20 Prozent Fett) zu entsprechen.
   Für den Hackfleischanteil sind nur die beim Zuschnitt der Scheiben des Fleisches nach Nr.1 anfallenden Abschnitte zu verwenden.
3. Das Hackfleisch ist nur zu wolfen und zu mengen; es wird nicht gekuttert. Brühwurstbrät wird nicht verwendet.
4. Der Anteil von Hackfleisch beträgt höchstes 60 Prozent.
5. Als weitere Zutaten werden verwendet: Salz, Gewürze, Eier, Zwiebel, Öl, Milch, Joghurt.
   Nicht verwendet werden dürfen:
   a) Kutterhilfsmittel (Phosphate, Citrate etc.),
   b) Stärke oder stärkehaltige Bindemittel
6. Aus technologischen Gründen darf höchstens fünf Prozent Eis oder Milch verwendet werden.

Die Panscher

Die »Berliner Verkehrsauffassung« ist eine Einigung auf den allerkleinsten gemeinsamen Nenner. Am 30. Oktober 1991 wurde sie bundesweit übernommen. Der Ruf des Dönerkebap schien gerettet. Mit der »Berliner Verkehrsauffassung« gab es endlich festgeschriebene Qualitätskriterien und eine, wenn auch bescheidene Handhabe gegen die Entwicklung des Dönerkebap zur Null-Nummer. Allerdings ist ein Verstoß gegen die »Verkehrsauffassung« kein Straftatbestand, sondern eine Ordnungswidrigkeit. So mancher Dönerproduzent kalkuliert die möglichen Geldstrafen von vornherein ein.

Mit Pfusch läßt sich auf dem heiß umkämpften Markt offensichtlich eine schnellere Mark machen als mit solider Handwerksarbeit. Vor allem im Osten der Republik ging Anfang der neunziger Jahre so manch unappetitlicher Happen über die Verkaufstheke. Kunden, die noch nicht so recht wußten, wie gut ein Döner nach dem Berliner Reinheitsgebot wirklich schmecken kann, wurden massenhaft übers Ohr gehauen. So meldete die *Berliner Morgenpost*: »Im Westen streitet man sich um ein paar Fett- und Hackprozente – doch was im Osten als Döner über manchen Imbißtresen gereicht wird, läßt die Experten des ›Landesuntersuchungsinstituts für Lebensmittel, Arzneimittel und Tierseuchen‹ (LAT) nur noch stöhnen. In einem Lager am Prenzlauer Berg entdeckten die Chemiker seltsame Fleischklöße: zerkleinertes Rind- und Lammfleisch war drin, Paniermehl, Trinkwasser, Stärke und Geschmackverstärker.«[9]

Im Dezember 1991 verurteilte ein Berliner Schöffengericht einen 27jährigen Dönerproduzenten wegen Verstoßes gegen die »Verkehrsauffassung« zu 6000 Mark Geldstrafe. Die Lebensmittelchemiker fanden in den von ihm poduzierten Fleischkegeln 21,4 Prozent schieres Fleisch und 78,6 Prozent Hackanteil, in denen 22,8 Prozent Fett und 6,2 Prozent Stärke steckten.

Am 11. September 1992 wurde ein fünfzigjähriger Dönerproduzent von der Polizei unsanft geweckt. Ein Funkwagen brachte ihn ins Moabiter Kriminalgericht. Anklagepunkt: Der von M. produzierte Döner bestand aus 72 Prozent »wie Brühwurstbrät wabig-schaumig vernetztem« zerkleinertem Fleisch. Statt zwanzig gab es in den Spießen bis zu 28,3 Prozent Fett – und von der völlig untersagten Stärke hatte er bis zu 15,9 Prozent verarbeitet. Das Paniermehl, so argumentierte der Angeklagte vor Gericht, habe er beigemischt, damit nicht so viel Fett ausläuft. Ohne herausgetropftes Fett lassen sich pro Kilo Döner zwei bis drei Portionen mehr herausschlagen. Er habe, so räumte er freimütig ein, einen minderwertigen Döner hergestellt, »für Leute, die viel Geld verdienen wollen.« Das Gericht verurteilte den Fleischer zu 5000 Mark Geldstrafe »wegen fahrlässigen Inverkehrbringens wertgeminderter Lebensmittel ohne Kenntlichmachung der Wertminderung«. Weitere 5000 Mark mußte er für unfachgemäß eingefrorene Döner-Spieße bezahlen.[10]

»Der Döner-Krieg der knapp 1000 Anbieter wird immer schärfer – Pfuscher tragen ihren Konkurrenzkampf auf dem Rücken der Kunden aus«, titelte die BZ am 9. Januar 1993. Grund der Aufregung: Ein Imbiß im Ostberliner Bezirk Weißensee hatte einen neuen Rekord für minderwertige Qualität aufgestellt. Die dort verkaufte Ware eines Neuköllner Dönerproduzenten enthielt nur 2,5 Prozent Fleischfladen. Die Behörde kam dem angeklagten Fleischermeister auf die Schliche, nachdem 14 Kunden von Buden in Hellersdorf, Weißensee und Köpenick die angebotene türkische Spezialität recht spanisch vorkam und sie den Kebap zur lebensmitteltechnischen Untersuchung gegeben hatten. Das Analyseergebnis: 91,5 Prozent Hack, darin 28 Prozent Fett, 18 Prozent Stärke, gekuttertes Brät. Die Beschreibung der Wabbelmasse kann einem den Appetit verderben: »feinstzerkleinertes, wie Brühwurstbrät wabig-schaumig vernetztes, zusammenhängendes koaguliertes Fleisch«, erregte sich die *Berliner Morgenpost.* Vor dem Amtsgericht Tiergarten fuhr der Metzgermeister eine bemerkenswerte Verteidigungsstrategie: »Ich habe im Auftrag meines Chefs ein neues Rezept entwickelt. Mein Döner ist durch den höheren Hackfleischanteil bißfreundlicher und nicht so streng im Geschmack.« Der Richter konterte: »Ach ja, etwas für Zahnlose«, und verurteilte den Meister zu einer Geldstrafe von 4000 Mark. Dem Betreiber der Dönerproduktion drohte übrigens keine Strafe, denn der Fleischer übernahm für das hauseigene Rezept die Verantwortung. Außerdem war er, nachdem die Lebensmittelaufsichtsbehörde Kontrollen durchführte, von seinem Chef entlassen worden.

Je härter mit Discount-Angeboten um Marktanteile im Milliardengeschäft gekämpft wird, desto häufiger müssen sich die Gerichte mit dem Döner beschäftigen. Schließlich sprach, nachdem sich ein auf der Grundlage der »Berliner Verkehrsauffassung« in zwei Instanzen verurteilter Dönerproduzent zur Wehr setzte und Verfassungsbeschwerde einlegte, das Bundesverfassungsgericht in Karlsruhe im Januar 1993 ein Machtwort. Der Beschwerdeführer argumentierte, es komme nicht auf die »Festschreibung der Berliner Verkehrsauffassung« an, sondern auf die Marktgegebenheiten. »Stimmt genau«, meinte das oberste deutsche Gericht: »Zeigt die Beweisaufnahme unter Hinzuziehung eines Lebensmittelexperten, daß der kritisierte Kebap minderwertig ist, kann auch getreu unserer Verfassung verurteilt werden.« Das Urteil weckte Hoffnungen bei dem Döner-Experten der *Berliner Morgenpost*, Dietmar Treiber: »Der Beschluß des Verfassungsgerichts läßt Insider wieder für den Döner aus mehr Fleischfladen hoffen – besonders dann, wenn jetzt nicht nur Fleischer als Hersteller, sondern vermehrt auch Imbißbesitzer strafrechtlich verfolgt werden, die bewußt minderwertigen Döner ordern.«[11]

»Ich mag Döner. – Leider darf ich seit
zwanzig Jahren keinen Döner mehr essen.
Ich bin nämlich als Baby mal in den Topf
mit der Spezialsoße gefallen.«
Kubilay Sarıkaya, Schauspieler

Die Macher

Beschauliche Zeiten waren es, als der Meisterkoch Hamdi aus Kastamonu mittags vor seinem Holzkohlengrill stand und seinen Dönerkebap Portion um Portion verkaufte. Die Gäste saßen an den Tischen zusammen, um während eines ausgedehnten Mittagessens Geschäfte und die neuesten Gerüchte zu besprechen.

Hundertsechzig Jahre später ist die Welt schneller geworden: Zeit ist Geld. Diese Binsenweisheit gilt auch für den Dönerkebap. Kein Kunde ist mehr bereit, den Preis für einen in stundenlanger Geduldsarbeit gebauten Kastamonu-Döner zu bezahlen. Wenige haben die Muße, eine Delikatesse mit der ihr gebührenden Hochachtung und Aufmerksamkeit zu würdigen. Der Dönerkebap ist zum Leibgericht für Menschen auf der Überholspur des Lebens geworden.

Juli 1998, in einem kleinen brandenburgischen Städtchen am Rande des Berliner Speckgürtels. Maschinensurren. Zwei Männer starren in einer kleinen, fensterlosen Kammer auf Monitore. Hier und da ein kleiner Handgriff. Die Produktionsanlage schaltet um. Statt Yaprakdöner laufen jetzt Hackfleischdöner vom Band. Aus dem angrenzenden, völlig in weiß gehaltenen, winterlich kalten Raum hallt Metallgeklirre herüber. Eine Frau im Klimaanzug nimmt die Endkontrolle der fertigen, in Folie verschweißten Dönerspieße vor. Langsam laufen sie, an einer Kettenaufhängung befestigt, in Richtung Kühlkammer an ihr vorbei. Form okay? Ja! Verpackung okay! Gewichtsangabe, Empfänger. – Alle dreißig Sekunden ein fertiger Spieß, 16 Stunden am Tag. Zweitausend minus zwölf Grad kalte Dönerspieße zu jeweils 20 Kilogramm verlassen täglich das Band. Jeder erhält einen Qualitätspaß. Die Botschaft an den Verbraucher: Unabhängig von Wind, Wetter und menschlicher Tagesform kommt gleichbleibende und keimfreie Qualität auf den Tisch. In der frostigen Halle werden Kühltransporter beladen. Der eine beliefert die Region Nordost – Polen, Lettland, und von dort aus per Verschiffung Skandinavien. Der andere wird sich in wenigen Minuten Richtung Tschechien, Bayern und Österreich aufmachen. Ein dritter Zwanzigtonner versorgt den Westen Europas – das Ruhrgebiet, die Niederlande, Belgien und Nordfrankreich. Zukunftsmusik? Keineswegs. Die Logistik für dieses Szenario wird 1997 erstellt sein. Doch dazu später.

In einer Welt der Arbeitsteilung, des Schneller, Höher, Bunter und Weiter, wirkt der Münchner Kebapçı Mehmet Altındağ wie ein Fossil. Wo andernorts tonnenschwere Fleischberge in Windeseile in transportable Dönerspieße umgeformt werden, beschwört er alte Handwerkstraditionen. »Nicht jeder kann einen Kebap machen. Dazu braucht man vier Dinge: Herz, Kopf, Augen und vor allem viel Gefühl.« Seine Stimme wird sanfter, als spräche er über eine Geliebte. Er nimmt einen knapp einen Meter langen Metallspieß vom Regal. Mit der rechten Hand greift er in die darunter stehende Schüssel mit gewürztem Gehackten. Mit Fingerspitzengefühl trägt er es auf den Spieß auf. Mit halb geschlossenen Augen knetet Altındağ mit fließenden Bewegungen das rosige Fleisch, ganz so, als wolle er es zu neuem Leben erwecken. Kurz taucht er seine rechte Hand in Wasser, um dann weiter mit sanftem Druck kräuterhaltiges Gehacktes aufzuspießen. Nach einigen Minuten hält er mir stolz einen formvollendeten Adana Kebap entgegen. In faszinierender Gleichmäßigkeit ist er aufgetragen, mit leichten Druckstellen der Finger die für diese Kebapart so typische wellenartige Oberflächenstruktur hergestellt.

In seiner langjährigen Laufbahn hat der Betreiber des *Sultan Restaurants* ein inniges Verhältnis zum Fleisch und zu seiner Kundschaft entwickelt. So bescheiden das Interieur des Lokals wirkt, so übertrieben das Wort »Restaurant« manchem erscheinen mag, der Leitspruch über dem Tresen ist kein leeres Versprechen: »güzel, taze ve acele« – gut, frisch und schnell werden hier die Kunden bedient. Diese erweisen dem Meister Reverenz. Stolz blättert Mehmet Altındağ im Gästebuch. In englischer, französischer und deutscher Sprache finden sich Lobpreisungen auf die vielfältigen Kebapspeisen des Hauses.

Dankbar müssen die Münchner dem Mann aus Gaziantep sein. 1978 setzte der Pionier der örtlichen Kebapszene Standards. Seine Nachfolger durften nicht allzu weit dahinter zurückfallen. Gaziantep – diese Stadt im Südosten der Türkei, nahe der syrischen Grenze gelegen, verpflichtet. Hier treffen die türkische und die arabische Küche unmittelbar aufeinander. Gaziantep gilt als einer der Orte, in denen die Kunst der Kebapzubereitung bis zur Vollendung entwickelt wurde. Sechs Jahre hatte Altındağ hier als Kebapçı gearbeitet und sein Handwerk von der Pike auf erlernt, bevor er 1970 seine Arbeit in einem Restaurant in München aufnahm.

Der Kebapmeister weiß um seine Bedeutung. Dutzende Dönerverkäufer haben ihn im Laufe der Jahre kopiert. Zumindest haben sie es versucht. 1990 forderte Mehmet Altındağ seine Lehrlinge heraus und ließ per Zeitung verkünden: »Ich zahle jedem Türken, der in München einen besseren Kebap macht als ich, zehntausend Mark.« Keiner hat die Herausforderung angenommen. Mehmet Altındağ hat nichts zu verbergen. Im *Sultan Restaurant* sollen die Kunden sehen, was auf den Tisch kommt. Fast alle Speisen werden hinter dem Tresen des Gastraumes vor den Augen der Gäste zubereitet. Altındağ sieht sich als Botschafter Gazianteps und als Missionar in wildem Gelände. »Als ich in den siebziger Jahren gesehen habe, wie hierzulande mit Fleisch umgegangen wird, wollte ich Fortbildungskurse für deutsche Köche anbieten. Ich wollte, daß die Deutschen ein gutes und vor allem ein gesundes Essen auf den Tisch bekommen.« Daß Kebapspeisen gesund sind, ist Altındağs felsenfeste Überzeugung. Aus der Weiterbildung wurde nichts. Aber neben dem Verkaufsfenster steht ein Prachtexemplar eines Yaprakdöners, vom Meister eigenhändig hergestellt. Schicht um Schicht lagern dünne, magere Kalbfleischscheiben übereinander, kein Gehacktes, sondern schieres Fleisch. Von bayerischen Kälbern, wie der Wahlmünchner betont.

Dönerimperium in Mainhattan

Im *Sultan Restaurant* wird dezente Kammermusik gepflegt. So liebenswert und charmant Dönerproduzenten wie Altındağ auch sein mögen, der Döner als Massenartikel verlangt eine wuchtigere Melodie. Bombastische Töne werden darum in der Schichaustraße unweit des Ostbahnhofs in Frankfurt am Main angeschlagen: »Im Augenblick entwickeln wir eine Verfahrenstechnik, die eine automatisierte und standardisierte Produktion des Hackfleischdöners gemäß der Berliner Verkehrsauffassung ermöglicht.« Ohne großes Aufsehen kündigt der 29jährige Enfil Tütüncübaşi eine Revolutionierung des Business an. Denn bislang werden die täglich in Deutschland verzehrten 200 Tonnen Dönerkebap in einer der landesweit rund 100 Dönerproduktionen in mühevoller und schweißtreibender Handarbeit hergestellt. Alle Versuche einer automatisierten Dönerproduktion scheiterten bislang. Der Grund: Die zur Bindung des Gemenges notwendigen Stärkemittel sind verboten. Eine amerikanische Firma, die in den achtziger Jahren maschinell Preßdöner herstellte, mußte 1991, mit dem bundesweiten Inkrafttreten der »Berliner Verkehrsauffassung«, ihre Produktion einstellen. Ähnlich erging es Produzenten in den Niederlanden und England.

Enfil Tütüncübaşi ist einer von sieben Brüdern. Seit 1989 rollen sie mit der »Kardeşler Döner Fabrik« systematisch den Markt auf. Frankfurt haben sie im Griff. Ebenso weite Teile Bayerns. Auch in Baden-Württemberg drehen sich in Imbißbuden »Kardeşler«-Spieße. Die »Kardeşler« bringen alles mit, was eine erfolgreiche Döner-Dynastie braucht. Als Fundament eine Philosophie, die die Familie wie Pech und Schwefel zusammenhält. »Für die haben die Eltern gesorgt«, erklärt Enfil Tütüncübaşi. Der Vater kam 1969 als Schreiner aus der westanatolischen Stadt Eskişehir mit einem klaren Ziel vor Augen nach Stuttgart: die beste nur mögliche Bildung für den Nachwuchs. Einige der Tütüncübaşis haben Betriebswirtschaft, andere Volkswirtschaft studiert: zum Teil in der Türkei, zum Teil in Deutschland. Enfil absolvierte sein BWL-Studium in Marburg. Ein Bruder ist Ingenieur. Er kümmert sich um die Perfektionierung des Produktionsablaufs. Augenblicklich arbeitet er fieberhaft an der Entwicklug der automatischen Produktionsstraße. Die Zeit drängt, denn die Berliner Konkurrenz schläft nicht. Jeder der Tütüncübaşis hat seinen Zuständigkeitsbereich. Ein Bruder ist für den Einkauf zuständig, der andere für die Buchhaltung. Wieder ein anderer baut den neuen Betrieb gemäß den ab 1996 gültigen EG-Richtlinien zur Hackfleischverarbeitung auf. Und der Vater wacht darüber, daß alles seinen geplanten, erfolgreichen Gang geht. Die Stationen des Aufstiegs: 1983 zog die Familie einen Fleischgroßhandel auf, der Lebensmittelläden belieferte. 1986 begannen die »Kardeşler«, kleinere Mengen Dönerkebap zu produzieren. Ab 1989 schließlich galt die volle Konzentration dem Dönerkebap.

Enfil Tütüncübaşi ist stolz auf das Erreichte: »Das negative Image, das der Döner bei den Intellektuellen aus der Türkei genießt, stört mich nicht. Er hat die Integration der Türken in Deutschland gefördert. Die besten Kontakt- und Gesprächsmöglichkeiten finden nun mal über das Essen statt. Das baut Barrieren ab. Wir Dönerproduzenten brachten den Deutschen eine neue Geschmacksvariante. Der Döner war das Mittel, den Deutschen zu zeigen: Wir haben etwas zu bieten. Das hat weder mit den Textilien noch mit den Gemüseläden richtig geklappt.«

Neben der Familien- und Geschäftsphilosophie haben die Kardeşler vor allem eines – Visionen. Der studierte Betriebswirt in seinem schlicht eingerichteten Büro: »Der Markt ist noch lange nicht gesättigt. Wir haben Anfragen aus Frankreich, Schweden, Spanien. Augenblicklich können wir sie allerdings nicht decken.« Auch den ostdeutschen Markt lassen die Brüder (noch) links liegen. Zu instabil sei der Markt dort, zu unseriös die Geschäftspartner in ihrer Zahlungsmoral. »Darüber hinaus hatten wir keine Lust, mit Berliner Billiganbietern zu konkurrieren, die Innereien in ihren Döner mischen«, erregt sich der Frankfurter über die wilden Sitten an der Spree. Ohnehin lassen die engen Räumlichkeiten in der Frankfurter Innenstadt eine Ausweitung der Tagesproduktion über die augenblicklichen 5 Tonnen Kebapspieße hinaus nicht zu. 48 Arbeiter sind in der »Kardeşler-Produktion« beschäftigt.

Aber der junge Geschäftsmann weiß sehr genau, wohin die Reise des Dönerkebap geht. »In der Bundesrepublik wird die Zahl der Imbißstände in den nächsten zwei, drei Jahren zunehmen, da es noch einige unterentwickelte Regionen gibt.« Augenblicklich werden die Kleinstädte mit zehn- bis fünfzehntausend Einwohnern erschlossen. Ist die Sättigungsgrenze erreicht – kein Grund zur Sorge! In den Nachbarländern giert die Kundschaft bereits nach deutschem Döner. Die Tütüncübaşis haben keinen Zweifel daran, den europäischen Markt im Sturm zu erobern. »Die Verfahrenstechnik der Dönerproduktion ist in Deutschland am besten entwickelt. Wir haben mit der Berliner Verkehrsauffassung Qualitätskriterien festgelegt und in den letzten zehn Jahren einen stabilen Markt aufgebaut.« Deutschland wurde so zum weltweit einzigen Dönerstandort, an dem sich millionenschwere Investitionen für standardisierte Verfahren rechnen. Selbst die Heimstatt des Dönerkebap ist in dieser Hinsicht längst abgeschlagen. Künftig werden die Produktionstechniken aus Deutschland in die Türkei reimportiert werden.«

Auch dort haben die Tütüncübaşis das Feld sondiert. Ein Zweigbetrieb ist projektiert. Er wird die touristischen Regionen rund um Antalya beliefern. Die deutschen Urlauber sollen künftig an keinem Platz der Welt auf ihren geliebten Döner à la Berlin verzichten müssen.

Konzentrieren wir uns wieder auf die Europäische Gemeinschaft. Selbst wenn Unternehmer wie die Tütüncübaşis gewollt hätten, bislang könnten sie die Nachbarländer noch nicht wirklich mit Dönerkebap beliefern. Der Grund: Die in der Bundesrepublik hergestellten Dönerspieße werden nach den Vorschriften der deutschen Hackfleischverordnung vom 10. Mai 1976 hergestellt. Für Deutschland ist das in Ordnung, nicht aber für den Rest der EG. Seit dem 1. Januar 1996 sind die EU-Richtlinien zur Hackfleischverarbeitung in Kraft getreten. Und EU-Recht bricht Landesrecht. Die EU-Richtlinien zur Hackfleischverabeitung sind um einiges strenger als die der deutschen Hackfleischverordnung. Unter anderem sind täglich mikrobiologische Kontrollen und eine weitgehend keimfreie Produktion vorgesehen. Diese Anforderungen lassen sich nur erfüllen, wenn die Dönerspieße in geschlossenen Abteilungen und unter labormäßigen Bedingungen hergestellt werden. Anfang 1996 erfüllte noch keine Dönerproduktionsfirma der Republik diese Voraussetzungen. Denn ein solcher Betrieb ist teuer und kostet mindestens fünf Millionen Mark. Ergo: Ein Export in andere EG-Staaten ist bis zur Fertigstellung des neuen Betriebes der »Kardeşler« nicht möglich.

Fleischberge am Alex

Ortswechsel. In der Prenzlauer Allee 242, in unmittelbarer Nachbarschaft des Alexanderplatzes, hat seit 1992 »FinalTa«, einer der größten Dönerproduktionsbetriebe Berlins, seinen Sitz. In dem dreistöckigen Fabrikgebäude aus der Gründerzeit, einem gelben Klinkerbau, werden wichtige Kapitel der Dönergeschichte geschrieben. »Größter Berliner Dönerbetrieb auf Erfolgskurs«, meldete die *Neue Fleischerzeitung* im September 1992. »Der derzeit größte Berliner Dönerbetrieb FinalTa mit 13 Beschäftigten und moderner Betriebsstrukur beliefert immerhin 80 Kunden im Umkreis von 30 Kilometern. Das Produktionsvolumen beträgt 1,5 Tonnen.« Niedlich. Drei Jahre später gibt es mindestens ein Dutzend Betriebe in der Stadt, die diese Leistung bringen. »FinalTa« beschäftigt inzwischen 37 Personen, die täglich fünf Tonnen Dönerspieße poduzieren. Auf der Laderampe und im Hof stehen Kühlcontainer, in denen die fertigen Spieße auf den Abtransport zu den Endabnehmern warten. Spieße zu 15, 20, 30, 50 oder gar zu 150 Kilogramm.

Unter dem Firmenlogo »FinalTa« tritt man ein in das Herzstück der Firma. Zehn Mann stehen um eine rund 25 Quadratmeter große Arbeitsplatte. Berge von Gehacktem und Fleischlappen türmen sich vor ihnen. Süßlicher Geruch erfüllt den gekachelten Raum. Das Fett auf den Fliesen macht das Gehen schwer. Kräftige Hände greifen in die Hackmasse und klatschen einen kiloschweren Fladen auf die Platte. Flink wird er auf dem Tisch in die Dicke des Döners gerollt und geformt, um abschließend mit kühnem Schwung auf dem Spieß zu landen. Dann als Zwischenlage ein Lappen Fleisch. Erneut schnappen sich die Hände einen Batzen Gehacktes, walken es kräftig durch. Flutsch, landet es auf dem Spieß. Schicht um Schicht, in Form einer auf dem Kopf stehenden treppenförmigen Pyramide, werden die Schichten aufeinandergetürmt. Abwechselnd: Gehacktes, dann eine Fleischscheibe, Gehacktes... Appetitanregend sieht das nicht aus.

Dönerspezialisten werden die Arbeiter im Haus respektvoll genannt. Auch der Chef, Halıl Ibrahim Taşyumruk, weiß: Den Fleischteig zu kneten, ist Schwerstarbeit, der Auf- und Ausbau zu einem halbwegs ästhetisch anschaulichen Kegel eine Kunst. Neben handwerklichem Geschick müssen die »Spezialisten« über ein gutes Augenmaß verfügen. Der Anfang des Aufbaus entscheidet darüber, ob der Spieß am Ende zwanzig, vierzig oder gar hundert Kilogramm wiegen wird. Ist der Spieß fertig, wandert er hinüber zum Zuschneider. Mit geübten Handgriffen säbelt er den zerklüfteten Döner-Rohling in konische Form. Mit etwas Hackfleischmasse bringt er den Spieß auf das gewünschte Gewicht. Anschließend wird der Döner in Plastikfolie verpackt, beschriftet und im Kühlcontainer verstaut.

Vieles hat sich seit jenen Sommertagen 1988, als ich erstmals eine Dönerproduktion in der Knesebeckstraße besuchte, verändert. In einem kleinen Kellerraum, unter den Verkaufsräumen des *Meistergrill*, eröffnete Mehmet Akyıldız gemeinsam mit seiner Frau Carola eine der ersten Dönergroßproduktionen. »Als wir 1984 Ak Sel gründeten, gab es in der Stadt zwei Dönerproduktionen. Heute sind es sechs.« Die »Großproduzenten« der achtziger Jahre waren in Berlin kleine Familienbetriebe mit drei, maximal vier Metzgern. Zu dritt schichteten sie 1988 in Mehmet Akyıldız' Betrieb 1988 täglich rund 350 Kilo Döner. Muhettin Yel, Vorarbeiter bei »FinalTa«, kann sieben Jahre später über die Produktivität vergangener Tage nur schmunzeln. »Bei uns produziert jeder Spezialist rund 300 Kilogramm Döner am Tag. Das bedeutet, der Aufbauer hat zwischen 500 und 600 Kilogramm zu schichten.«

Möglich sind diese Topleistungen nur bei einer rigiden Arbeitsteilung. Zwei Mitarbeiter bereiten in einer Ecke frisches Hackfleisch vor. Nach dem Würzen und Umrühren bleibt es zwanzig bis fünfundzwanzig Minuten zum Durchziehen stehen. Ein Arbeiter reinigt in einer Ecke die Spieße. An der Arbeitsplatte hantieren ein paar Arbeiter mit rasiermesserscharfem Gerät, schneiden Fleischscheiben zurecht, die ihre Nachbarn Schicht für Schicht zum Yaprakdöner aufbauen. Auf Zuruf lassen alle ihre Arbeit liegen. Ein Lieferwagen ist an der Laderampe vorgefahren. In Minutenschnelle werden mehr als einhundert tiefgefrorene Dönerspieße verladen – Kebap für Kiel. Nach einer kurzen Zigarettenpause ziehen alle Dönerspezialisten wieder ihre Haarnetze über. Und der nächste Döner wird gebaut.

Der dreißigjährige Muhettin Yel koordiniert die Arbeitsabläufe. Er gibt die einlaufenden Bestellungen an die Spezialisten weiter. Sein Handwerk als Fleischerkaufmann hat er bei der Berliner Lebensmittelkette Reichelt erlernt. Erfolgreich. 1984 legte er unter den Fleischerkaufleuten West-Berlins die beste Prüfung ab. Für einen kurzen Augenblick wird er nachdenklich: »Heute kostet uns das Kilogramm Fleisch mit sieben Mark im Einkauf fünf Mark mehr als vor zwanzig Jahren. Aber am Verkaufspreis des fertigen Dönerfleisches hat sich nichts geändert.« Unverändert kostet das Kilogramm rund zehn Mark. Bereits 1988 klagte Mehmet Akyıldız über die geringen Gewinnspannen. In der ersten Hälfte der achtziger

Jahre kostete das Kilogramm Hackdöner den Kunden zwölf Mark. 1988 waren es es nur noch neun Mark. Für Yaprakdöner konnte bis zu zwölf Mark verlangt werden. Die harte Kokurrenz unter den derzeit 35 Berliner Dönergroßproduktionen läßt diese Preise nicht mehr zu.

Ein Stockwerk höher, in der Chefetage, sitzt Halıl Ibrahim Taşyumruk, Gründer und Eigentümer von »FinalTa«. Wie an jedem Vormittag hält er unter einem Porträt des Gründers der türkischen Republik Mustafa Kemal Atatürk mit dem Agrartechnologen Jens Winter eine kurze Lagebesprechung. Und wie immer geht es darum, wie die Produktion noch effizienter gestaltet werden kann. Schritt für Schritt hat sich Taşyumruk seinem Ziel entgegengearbeitet, einer der Großen im Geschäft zu werden. Mühsam hat er sich das handwerkliche und unternehmerische Know-how angeeignet. Bevor er 1971 als junger Mann nach Essen übersiedelte, hatte er in Istanbul bereits acht Jahre als Metzger gearbeitet. Nach seiner Anwerbung jobbte er eine Zeitlang in einer kleinen Fleischerei im Ruhrgebiet. 1974 siedelte er nach Berlin über und versuchte sich wie so viele seiner Landsleute mit einem Lebensmittelladen selbständig zu machen. 1985 zog er schließlich seinen Fleischgroßhandel auf. Kontakte zu Großproduktionen und zu Händlern wurden geknüpft – unerläßlich für sein heutiges Geschäft. Denn es ist keineswegs einfach, auf dem Markt ständig gleichbleibende Fleischqualität zu einem günstigen Preis zu erhalten.

Der Brandenburger Jens Winter reibt sich zufrieden die Hände. In der spärlich eingerichteten zehn Quadratmeter großen Büro in der Chefetage entwirft er seine Zukunftsvisionen: »Wenn die EG-Richtlinien bindendes Recht sind, wird die Herstellung des Dönerkebap in Küchen und kleinen Klitschen kaum mehr möglich sein. Es wird höchste Zeit, daß der Döner unter zeitgemäßen hygienischen Bedingungen produziert wird, in modernen Anlagen.« Und die müssen, auch das zeigt die Berliner Erfahrung, raus aus den Wohnvierteln. Die Mieter eines Wohnhauses in Berlin-Moabit stiegen auf die Barrikaden. Als die »Delta Fleischvertriebs- und Verarbeitungs GmbH« 1991 mit scheppernden Dönerspießen in die Wilhelmshavener Straße 47 einzog, war es mit der Ruhe vorbei. Uwe Aulich notierte in der *Berliner Zeitung*: »›Schon nachts um drei Uhr haben LKWs vor den Türen gestanden‹, sagt Anwohner Aloysius Lukas. Viele Fahrer ließen auch die Motoren laufen und würden in zweiter Spur parkend die Straße blockieren. Damit nicht genug: Besonders in der warmen Jahreszeit haben die Fleischabfälle trotz der Container im Hof für Verwesungsgeruch gesorgt. ›Fremde Leute fragen uns schon danach. Das zieht auch viele Tiere an. Fliegen, Ratten, Mäuse – wir haben alles hier‹, so Marie Behrendt-Lukas.«

»So etwas ist unzumutbar«, findet auch Jens Winter. Deshalb baut er derzeit für seinen Chef in Werneuchen, am Rande des Berliner Speckgürtels, einen ultramodernen Betrieb auf. Er wird alle EG-Richtlinien erfüllen. Kostenpunkt: fünf Millionen Mark. »Im Sommer 1996 werden wir unseren neuen Betrieb eröffnen. Dann können Sie alles, was sie soeben über die Dönerproduktion gelernt haben, vergessen. Unser Mindestausstoß wird dann fünfzehn Tonnen betragen. Nach oben wird es keine Grenzen mehr geben.« Auch »FinalTa« ist kurz vor dem Durchbruch bei der Entwicklung automatisierter Produktion. »Das Patent ist bereits angemeldet. Spätestens Ende 1996 sind wir soweit.« Freudig begrüßt Winter das neue Döner-Zeitalter. »Ich halte die Standardisierung durch Großbetriebe wie uns für positiv. Der Verbraucher hat eine höhere Produktsicherheit. Im Moment arbeiten wir auf einen Qualitätspaß hin. Der ist im Medienzeitalter, in dem diverse Skandale um den Döner duch die Presselandschaft geistern, unerläßlich.« Nichts fürchten die Branchengrößen mehr als Schauergeschichten über Kekse, Innereien und Eiterbeulen im Döner.

Der Latino-Döner

Auch der Hesse Enfil Tütüncübaşi glaubt an die ordnende Hand der Großbetriebe. »Es ist unsere Aufgabe, einen seriösen und transparenten Markt zu schaffen.« Ein Schritt in diese Richtung sieht er in der Lieferung garantiert BSE-freien Fleisches. Der Rinderwahnsinn hat der Dönerbranche schwer zugesetzt. Verlorenes Terrain muß wieder gutgemacht werden. In dem Frankfurter Büro stapeln sich Plakate: »Garantiert BSE-frei.« Ein halbwegs glückliches, schwarzes Rindvieh und ein Dutzend zufrieden weidender Schafe blicken den Betrachter an. Das Plakat verspricht: »Döner Kebap aus argentinischem Fleisch. Bullenfleisch, Lammfleisch aus Pampas traditioneller Freiland-Haltung von höchster Qualität. Gesund und zart durch ganzjähriges Weiden bis zur Schlachtung ... ca. 2 Hektar Weidefläche pro Tier ... EXTENSIVE TIERHALTUNG ... keine Zufütterung von Kraftfutter ... keine Hormonzugabe und Masthilfsmittel.« Über dem Siegel »Argentine Beef« ist die Gütesiegel-Nummer des Direkt-Importeurs zu finden. Wochenlang reiste der Unternehmer durch Argentinien (dort werden keine Regenwälder zerstört!) und führte Gespräche mit Rinderzüchtern. Die Logistik steht. Sie hätten keine Probleme, für die »Kardeşler« glückliches und gesundes Rindfleisch auf die lange Reise quer über den Atlantik zu schicken, gäbe es da nicht die EG-Abschottung und das Problem mit den Einfuhrquoten. Konsequenz: Nur ein Bruchteil der Dönerkebaps kann mit Rindfleisch aus Bodenhaltung produziert werden.

»Augenblicklich ist das unser größtes Problem«, erläutert der Weltreisende in Sachen »Macht unseren Döner gesünder!« seinem beeindruckten Gesprächspartner. Und noch etwas beschäftigt Enfil. »Wir müssen von den Italienern lernen. Es reicht nicht, ein billiges Produkt anzubieten. Wir müssen beim Döner künftig mehr Wert auf die Warenpräsentation legen.« Damit ist endlich die Achillesferse des Milliardengeschäfts angesprochen. So erfolgreich der Döner auch ist, so viel in der Produktion künftig automatisiert und standardisiert wird, unverändert schwach ist der Dönerkebap am Ende der Kette, in seiner Präsentation. »Viele Dönerverkäufer kommen aus der Arbeiterschaft. Auf der Suche nach einer Existenz wollen viele meiner Landsleute mit geringstem Einsatz möglichst schnell viel Umsatz machen«, klagt Enfil Tütüncübaşi. Und das garantiert bis heute der Dönerkebap mit seinem unvergleichlichen Preis-Leistungs-Verhältnis für den Endverbraucher. Das Risiko einer Geschäftseröffnung ist gering. Inzwischen besteht ein entwickelter Markt, der Kebapbuden für Neueinsteiger schlüsselfertig liefert. Ob Grillgeräte, Entlüftungsanlage, Dönerlieferung oder das elektrische »Ünal-Dönermesser« – alles ist wohlorganisiert. Einzige Bedingung, um in den Milliardencoup einzusteigen, sind rund 100 000 Mark Startkapital. Das Ergebnis: Die Mehrzahl der Kebapbuden bietet einen beschämend niedrigen Standard. Auch nach fünfundzwanzig Jahren haben sie die Schmuddelecke der Imbiß-Baller-Buden nicht hinter sich gelassen. In Frankfurt, wo man sich schon immer gerne etwas snobistischer als andernorts gibt, ist der Döner längst in der Defensive. »In den Achtzigern gab es unter den rund vierzig Verkaufsstellen einige, die bis zu 300 Kilo Döner am Tag verkauft haben. Heute sind es nicht mehr als 40 Kilo pro Imbiß«, bedauern die »Kardeşler«.

Die Brüder aus Frankfurt wissen also aus eigener Anschauung um die Gefahr. Sackt der Döner weiter ab auf der Beliebtheitsskala, kann es auch in der Restrepublik schnell vorbei sein mit der Döner-Herrlichkeit. »Wir brauchen dringend eine Schule der Präsentation.« Auch Enfils Berliner Kollege Jens Winter glaubt: »Der Döner muß künftig individuell verkauft werden.« Die »Kardeşler« haben bereits Konsequenzen gezogen. Sie beraten ihre Landsleute bei Neueröffnungen von Imbißbuden. Ein Rundbrief ist in Vorbereitung, der die Dönerwirte regelmäßig mit Rezeptvorschlägen, Präsentationstips und Neuigkeiten aus der Branche versorgt. Aber der ganz große Deal steht noch aus. Wer wird in den künftig geordneten und stärker standardisierten Dönermarkt einsteigen – Coca Cola oder Pepsi Cola? Enfil Tütüncübaşi hätte nichts gegen Coca Cola. Auf sein Verhältnis zu McDonald's angesprochen, antwortet er ganz selbstbewußt: »Wir werden den Markt sehr genau beobachten. Irgendwann wird der Konzern nicht mehr an Dönerkebap vorbeikommen. Aber ihm fehlt das Know-how der Dönerindustrie, also wird er auf einen türkischen Geschäftspartner angewiesen sein.« Einer von ihnen wird mit Sicherheit Tütüncübaşi oder Taşyumruk heißen, aber nicht Mehmet Altındağ, wie jener Meisterkoch aus München.

Das Brot des Türken

Ohne Brot kein Döner. Berlin-Neukölln, drei Uhr nachts. In dem düsteren Hinterhofpavillon tackert eine kleine Maschine. Rhythmisch spuckt sie einhundert Gramm schwere, wässerige Teigklumpen aus. Auf schmalen Stoffstreifen laufen sie in Viererreihen eine schiefe Ebene hinunter, fallen auf ein Holzbrett, aufmerksam beobachtet von einem hageren Arbeiter. Er wechselt das Brett, sobald eines mit zwanzig Teigklumpen bepackt ist. Vor ihm steht Ayhan Uğur und greift mit öligen Armen tief in die Knetmaschine. Mit Schwung wuchtet er einen riesigen Teigbatzen Richtung Trichter. In etwa anderthalb Meter Höhe über der Vorformmaschine verschlingt dieser gemächlich den Teig. Irgendwo im Inneren der Maschinerie wird er portioniert.

Dieses kleine Ding, nicht viel größer als eine Kühltruhe, ist der ganze Stolz von Ismail Akın. Seit 1992 versucht der Eigentümer der Bäckerei, mit kleinen Dönerbrötchen eine Nische in einem hart umkämpften Markt zu besetzen. Viele Leute, so seine Überlegung, würden ihren Döner lieber in einem knusprigen Sandwichbrötchen als in einem geviertelten Fladenbrot essen. Er hat recht. Seine kleinen Fladenbrötchen sind ein Hit. Kunden aus der ganzen Stadt wollen sie. Aber mehr als 15 000 die Nacht kann er in den knapp achtzig Quadratmeter großen Räumlichkeiten und mit fünf Mann nicht produzieren.

Das mächtige Dönerbrötchen ist das Ergebnis jahrelanger Experimente. Ismail Akın: »Der Clou an der Sache ist: Je weicher der Teig ist, desto besser die Dönerbrötchen. Beim Teig für normales Fladenbrot beträgt der Wasseranteil vierzig Prozent. Mein Teig enthält siebzig Prozent Wasser. Das hält die Brötchen länger frisch, und sie schmecken besser.« Drei Tage halten sie, ohne auszutrocknen. »Das unterscheidet meine Dönerbrötchen zum Beispiel von denen, die überall in München angeboten werden. Die sind aufgrund des geringeren Wassergehaltes nach einem Tag trocken und ungenießbar.«

Zwei Jahre tüftelte Ismail Akın am wässrigen Verfahren. »1992 haben wir es mit Handarbeit probiert. Bis zu eintausend Stück pro Schicht haben wir hingekriegt.« Doch wie flink Akın und sein Sohn Kanıl auch immer waren: Vierzig Pfennige hätte das nach dem Backen achtzig Gramm schwere Brötchen für den Großabnehmer dennoch gekostet. Zu teuer, um mit dem handelsüblichen fünfhundert Gramm schweren Pide konkurrieren zu können. Das Fladenbrot, das auseinandergeschnitten mindestens vier Fleischtaschen ergibt, kostet für den Stammkunden maximal 80 Pfennig – also 20 Pfennig pro Portion.

Akın besuchte Ausstellungen für Bäckereiausrüstungen, sprach mit Maschinenherstellern, ließ sich Maschinen zum Probelauf kommen. Die Ergebnisse waren lange unbefriedigend. In einer Garage des Hinterhofs lagert die ausgemusterte Ausrüstung fehlgeschlagener Versuche im Wert von mehr als 150 000 Mark. 1993 gelang ihm der Durchbruch. Ismail Akın hatte endlich den für die Pideproduktion unerläßlichen feuchten Teig. Mit der nun möglichen maschinellen Vorformung sank der Stückpreis von 40 auf 22 Pfennig. Das Brötchen war endlich konkurrenzfähig.

Nach so vielen Anstrengungen und Investitionen ist es kein Wunder, daß er seine Technik als Betriebsgeheimnis streng hütet. Ayhan Uğur, der Teigmeister des Betriebs, rührt eine neue Fünfzig-Kilogramm-Mischung der geheimnisumwitterten Masse an. Ein bißchen Salz, Backstabil, natürlich Mehl, Öl und Wasser. Offensichtlich liegt der Schlüssel zum Erfolg bei den Wassertemperaturen. »No comment«, ist die knappe Antwort Akıns auf meine neugierigen Fragen. Uğur ist der erste Familienfremde, der in den Hokuspokus eingeweiht wurde. Vor vier Wochen wurde er eingestellt. Bis dahin rührte der Chef höchstpersönlich an. »Es haben schon viele Kollegen vor mir hier gearbeitet, um das Geheimnis herauszubekommen,« lächelt Uğur. Gelungen ist es ihnen bis heute nicht.

Selbst ein deutscher Bäcker aus Hoyerswerda machte sich auf den Weg nach Neukölln, um das Geheimnis zu ergründen. Für ihn ging es dabei um viel Geld. Der Betreiber der *Dönerix*-Imbißkette im Süden Sachsens, Izzet Aydoğdu, machte ihm das lukrative Angebot: »Falls du in der Lage bist, mir die Brötchen zur gleichen Qualität und zum gleichen Preis zu bieten wie Akın, bekommst du den Auftrag.« Nicht weniger als 14 000 dieser Dönersandwichbrötchen verbraucht Aydoğdus Dönerimperium in der Woche. Der Mann aus Hoyerswerda machte sich auf ins ferne Neukölln, ging bei »Meister« Akın in die Lehre – und scheiterte.

Gegen das türkische Backwunder ist noch kein deutsches Kraut gewachsen. Während in deutschen Bäckereien das vierzig Gramm schwere Brötchen für 35 Pfennige an die Laufkundschaft verkauft wird, bekommt diese in Berlin ein 500 Gramm schweres Fladenbrot schon für eine Mark. »Täglich verlieren die türkischen Bäckereien in Berlin rund 150 000 Mark«, lüftet der Vorsitzende der Türkischen Bäcker und Konditorenvereinigung Berlins das Preiswunder. Ismail Tatars Kalkulation ist einfach: In den rund hundert Bäckereien der Stadt werden täglich durchschnittlich 200 000 Fladenbrote gebacken. Der normale Lieferpreis müßte eine Mark zwanzig betragen, der Verkaufspreis einsfünfzig bis einssiebzig. Verkauft wird aber tatsächlich für achtzig Pfennig. Macht 120 000 Mark Verlust am Tag. Die restlichen 30 000 Mark setzen sich aus den Dumpingpreisen des restlichen Sortiments zusammen.

Seit 1979 behauptet sich Ismail Tatar in dem wilden Geschäft. An diesem Morgen ist er geknickt. Ein Beamter des Eichamtes ist zu Besuch und wirft Brote auf die Waagschale. Einige sind zu schwer, andere haben exakt 500 Gramm, einige sind eben ein paar Gramm zu leicht. »Das läßt sich nicht vermeiden. Die Fladenbrote werden nicht maschinell produziert. Alles ist Handarbeit und Augenmaß«, erklärt Tartar, nachdem der Mann vom Eichamt seine lästige Pflicht erfüllt und sich etwas unfreundlich verabschiedet hat.

Auch sein Sohn Veli Tatar ist sichtlich entnervt. Immer häufiger denkt er ans Aufgeben. Zu stressig sei das Geschäft, und zu wenig einträglich. Alle Versuche, den Markt humaner zu gestalten, sind bislang gescheitert. Und je mehr Bäckereien sich um Kundschaft schlagen, desto unwahrscheinlicher wird eine vernünftige Preispolitik. Ein Familienclan versucht den anderen vom Markt zu beißen. 1983, damals gab es 33 türkische Bäckereien in Berlin, versuchte Ismail Tatar sein Bestes, um den Preis zu stabilisieren. Neun Bäckereien schlossen sich zusammen, gründeten eine Einzelhandels GmbH. Diese kaufte die gesamte Tagesproduktion auf und bot sie auf dem Markt für eine Mark das Stück an. Zwei Tage funktionierte das. Dann meldete sich das Kartellamt zu Wort: Unzulässige Preisabsprachen seien das, lautete das Veto. »Auch die nachfolgenden Versuche scheiterten«, so Sohn Veli. »Da sitzen zwanzig erwachsene Männer zusammen, einigen sich auf einen Lieferpreis. Aber kaum sind sie aus der Tür, geht das alte Spiel weiter.« Türkische Kleinunternehmer sind hoffnungslose Individualisten. Lachende Gewinner sind die Kunden. Die, so lehrt die Geschichte, zeigen den »Kapitalisten« im Zweifelsfall, wer in der rauhen Wirklichkeit den Takt vorgibt.

Zum »Zoff ums Fladenbrot« kam es im Juli 1992 in Hamburg, als den dreizehn türkisch-hanseatischen Bäckereien das schier Unglaubliche gelang.[1] In einem formlosen Schreiben gaben sie ihren Abnehmern bekannt: »Ab dem 6. Juli wird das 500-Gramm-Fladenbrot statt 80 Pfennig eine Mark kosten. Künftig nehmen wir altes, unverkauftes Brot nicht mehr zurück.« Es war die erste Preiserhöhung für Fladenbrot seit zehn Jahren. Und der Besitzer der »Anadolu-Bäckerei« im Nernstweg, in der 21 Angestellte täglich 3000 bis 10 000 Fladenbrote produzieren, erklärte: »Die Arbeiter, die bei mir beschäftigt sind, bekommen zwischen 1500 und 2000 Mark brutto im Monat. Ohne Preisanhebung kann ich meinen Leuten keine höheren Löhne bezahlen.«

Die Reaktion auf diesen Akt der Vernunft war gewaltig. 150 Hamburger Lebensmittel- und Dönerläden boykottierten die Bäckereien, bezogen ihr Pide nun von der Konkurrenz aus dem Umland. Ein türkischer Kunde hing Verschwörungstheorien an: »Die Bäckereien wollen die Preiserhöhungen nach türkischen Verhältnissen hierher tragen. Aber noch leben Özal und Demirel nicht hier.« Nach knapp zweiwöchigem Boykott und drei zähen Verhandlungsrunden mußten die Brotpreise wieder gesenkt werden. Das 500-Gramm-Fladenbrot sollte künftig 90 Pfennig statt der verlangten einen Mark kosten. Altes Brot, das sahen die Großabnehmer schließlich ein, wird nicht mehr zurückgenommen. Der kleinen »Cınar-Bäkkerei« blieb nichts übrig, als die Kröte zu schlucken. »Für uns ist das ein völlig unmögliches Ergebnis«, erklärte ein Mitarbeiter gegenüber der Presse. Aber da während des Boykotts die Wochenproduktion von 12 000 Fladenbroten auf weniger als 1000 absackte, mußte auch die »Cınar-Bäckerei« die Preise senken.

Die Zeche zahlen die Arbeiter vor Ort – und deren Familien. Bei immer geringeren Gewinnspannen bleibt der Monatslohn mit rund 2000 Mark konstant, nur daß die Schicht nun zwölf statt acht Stunden dauert. »Einen Weg aus dieser unwürdigen Situation gibt es aufgrund der Arbeitslosigkeit nicht«, betont der Berliner Veli Tatar. Türkisches Fladenbrot wird am Rand des finanziellen Abgrunds gebacken. Die eingefahrenen Verluste werden, so gut es geht, kollektiviert. »Jede Berliner Bäckerei hat durchschnittlich 50 000 Mark Mehlschulden.« Macht bei hundert Bäckereien fünf Millionen Mark Außenstände für die Mühlen. Wie dieses System funktioniert? »Die erste Lieferung einer Mühle wird bar bezahlt. Dann werden die Zahlungen hinausgezögert. Wenn eine Mühle bei 30 000 Mark Schulden die Lieferungen einstellt, wird zur nächsten Mühle gewechselt. Dann zunächst Barzahlungen...«

Inzwischen ist es vier Uhr morgens. Die vorgeformten Brötchen durften 45 Minuten lang im Gärraum der Bäckerei Akın schwitzen und sich zu ihrer stattlichen Größe weiterentwickeln. Kaum aus dem Hitzebad entlassen, werden sie von zwei Arbeitern im Akkord mit flinken Händen geformt. Schweißgebadet schiebt Kanil Akın einen Rollwagen, auf dem zwanzig Bleche mit jeweils zwanzig Dönerbrötchen übereinandergestapelt sind, Richtung Drehofen. Jeder Handgriff sitzt, ist Routine. Mit einem Ruck wird die Glastüre des Backofens geöffnet, der Wagen hineingeschoben. Ein Hitzeschwall heizt die Backstube zusätzlich auf, läßt Kondenswasser von der Decke tropfen. Dreizehn Minuten dreht sich der Wagen nun bei 265 Grad Celsius auf einer Plattform. Wenige Minuten später wird der zweite Ofen bestückt. Hitze.

Ismail Akın gönnt mir eine kleine Verschnaufpause. Wir wechseln in das über der Bäckerei liegende Firmenbüro. Bei einer Tasse Kaffee führt mich der Chef in die Geschichte des Berliner Fladenbrotes ein: »Als ich 1970 als Tourist nach Wiesbaden kam, habe ich nirgendwo Fladenbrot entdeckt.« Noch 1975, als Akın bereits zwei Jahre in einer Neuköllner Gießerei arbeitete, haben die Dönerverkäufer ihr Fladenbrot noch selbst gebacken. Mitte der siebziger Jahre haben die ersten Bäckereien den Dönerverkäufern das Fladenbrot angeboten, das in der Türkei in dieser Form unbekannt war. »Das türkische Pide, das nur während des Fastenmonats produziert wird, ist dünner als seine Berliner Verwandten. Und es hat eine längere und ovalere Form. Als Dönertasche völlig ungeeignet.« Als Ismail Akın 1980, nach einem zweijährigen Zwischenspiel als Lebensmittelhändler in Friedenau, seine erste Bäckerei eröffnete, reichten zur Versorgung der türkischen Bevölkerung Berlins drei Bäckereien völlig aus. »Die Deutschen haben damals kaum Fladenbrot gegessen.« Produziert wurde in den frühen Achtzigern vorwiegend 750 Gramm schweres, längliches Weißbrot. »Der Anteil des Fladenbrots betrug bis 1985 höchstens zwanzig Prozent. Inzwischen essen sowohl die Deutschen als auch die Türken zu 95 Prozent Fladenbrot. Türkisches Weißbrot wird kaum noch hergestellt.«

Ismail Akın mußte einen langen und verlustreichen Weg zurücklegen, bis er sich mit seinem Dönerbrötchen eine kleine Monopolstellung erarbeitet hatte. »1992 habe ich innerhalb von sechs Monaten über 250 000 Mark Verlust eingefahren.« Der Grund: Damals hatte sich die Bäckerei auf das süße Gebäck Baklava spezialisiert. Eine teure Fehleinschätzung. Denn just zu diesem Zeitpunkt rollten aus der Türkei LKW-weise konkurrenzlos billige Baklava-Lieferungen nach Berlin. Aufgesteckt hat der alte Kämpfer trotzdem nicht. Zuviel hatte er in den 25 Jahren, in denen er in Deutschland lebt, durchgestanden, um sich entmutigen zu lassen. »Einmal habe ich 72 Stunden am Stück duchgearbeitet – ohne Pillen.« Auf die Frage, ob es sich um einen Hörfehler handelt, zuckt er mit den Schultern: »Mir blieb angesichts der Schulden keine andere Wahl.«

Ismail Akın kommt damit auf einen zentralen Punkt zu sprechen. Wie kommt ein Gießer auf die Idee, Bäcker zu werden? Und was motiviert die Bäcker, trotz sehr geringer Gewinnerwartungen um jeden Preis weiterzuproduzieren? Ein Teufelskreis. Sind die Ernährer erst einmal aus der Fabrik gefeuert, stellt sich für die Familien die Frage: Was tun — ohne qualifizierte Berufsausbildung und bei einer Arbeitslosenrate von 25 Prozent unter Berlins Türken? Die Alternativen, die sich stellen, sind klar: eine Bäckerei, einen Döner- oder Gemüseladen zu eröffnen. Die Entscheidung ist abhängig vom Ersparten. »Bei Bäckereien sind für einen kleinen Familienbetrieb normalerweise 600 000 bis 700 000 Mark Investitionen notwendig. Die meisten müssen sich verschulden und kämpfen nun damit, die Kredite abzustottern. Bei der nächsten Rate müssen sie um jeden Preis flüssig sein. Koste es, was es wolle.«

»Wir brauchen in Berlin künftig eine türkische Großbäckerei. So, wie es im Moment läuft, geht das nicht mehr weiter«, überrascht Akın plötzlich. Er ist sich an diesem Punkt mit seinem Kollegen Ismail Tatar einig. In den hundert Berliner Bäckereien gibt es keinen einzigen türkischen Meister, wird kein einziger Lehrling ausgebildet. Die Ursache ist einmal mehr das Geld. Zwar braucht jede türkische Bäckerei formal einen Meister, um produzieren zu dürfen. Doch das ist kein Problem, denn in Berlin leben ausreichend deutsche Bäckermeister in Rente, die ihren Namen und ihren Titel für 500 bis 1000 Mark im Monat zur Verfügung stellen. Aber einen deutschen Meister einzustellen, der dann auch ausbilden könnte, das ist zu teuer. Er würde den Betrieb mehr als 3000 Mark netto kosten. Und ein angestellter deutscher Meister wäre kaum bereit, sich den in der Branche herrschenden Arbeitsbedingungen zu unterwerfen. Akın: »In türkischen Betrieben wird nicht nach Stunden bezahlt, sondern pauschal. Mit einem Acht-Stunden-Tag und einer Fünf-Tage-Woche würde das System nicht funktionieren. Wir wären nach sechs Monaten pleite. Eine türkische Bäckerei kann nur Geld verdienen, wenn die Familie mitarbeitet und das Personal zehn bis zwölf Stunden am Tag arbeitet. Sechs Tage die Woche.« Die Situation in den Imbißständen und den Gemüseläden sei ganz ähnlich.

Und noch etwas hemmt die Bäckereien: das Sonntagsbackverbot aus dem Jahr 1932 und die Auflage, erst ab drei Uhr morgens mit der Arbeit zu beginnen. »Würden wir uns an diese Auflagen halten, würden wir es nie bis zur Auslieferung um fünf Uhr schaffen.« Also fangen die Bäckereien früher an und kalkulieren hohe Geldstrafen ein. Auch Ismail Akın wurde auf diese Weise schon Tausende von Mark an Ordnungsstrafen los. Was sich Akın von einer Großbäckerei verspricht: bessere Ausbildung, einen geordneteren Markt, menschlichere Arbeitszeiten und eine zeitgemäße Bezahlung. In Berlin ist allerdings kein Bäcker in der Lage, die dazu mindestens notwendigen sieben Millionen Mark an Investitionen aufzubringen.

Für Ismail Akın muß sich die Meldung »Fladenbrot macht nicht nur satt, sondern auch reich« wie eine außerirdische Botschaft anhören. Euphorisch feierte das Essener Zentrum für Türkeistudien am 16. September 1995 die Eröffnung der Brotfabrik »Bereket Brot« in Bochum-Wattenscheid. »Die Firma hat die ethnische Nische verlassen und bietet auch innovative Produkte für die immer stärker zunehmende Zahl deutscher Käufer an.«[2] Ein Vollkorn-Fladenbrot für Ernährungsbewußte wird ins Programm aufgenommen. Im Oktober 1995 betrug die Tagesproduktion der Fabrik 7000 Fladen- und 15000 Weißbrote. Bei voller Auslastung können stündlich 5700 Brote vom Band laufen. 100 000 am Tag. Das ist fast soviel wie alle 28 türkische Bäckereien in Nordrhein-Westfalen bislang zusammen produzierten: 70 000 Pide und 45 000 Weizenmischbrote täglich.[3] Soweit wie im Ruhrgebiet ist man in der Dönermetropole noch nicht.

Vier Uhr dreißig. Inzwischen ist die Luft in der Backstube zum Schneiden. Die drei Arbeiter stehen mit ersten Ermüdungserscheinungen vor ihren Maschinen und den Blechen. Kein Ende der Schicht in Sicht. 14 000 Dönerbrötchen sind heute das Limit. Im Vorraum stapeln zwei Arbeiter an einem Tisch jeweils dreißig Brötchen in eine große Plastikschaufel. Eine Plastiktüte wird darüber gezogen, mit einem Ruck ist die Schaufel aus der Tüte, schon sind die Brötchen verpackt – abholbereit zur Auslieferung. In fünfzehn Minuten kommt der erste Ausfahrer, um die Lieferung für den Norden der Stadt zusammenzustellen.

Um fünf Uhr fährt ein blauer Golf vor. Ein Yuppie in Cowboystiefeln und Levis 501, hairgestylt, springt in bewundernswerter Frische aus dem Wagen. Ein paar Begrüßungsfloskeln in Richtung Chef. Mit Schwung wird die Heckklappe geöffnet. »McKebap« prangt in großen Lettern darauf. In Windeseile werden die Brötchenpakete verstaut. Unübersehbar: Hier geht ein aufstrebender Jungunternehmer zielstrebig seinen Weg. Timor, Mitte zwanzig, ist Selbstabholer, wie es im Firmenjargon heißt. Und er strotzt vor Tatendrang und Selbstbewußtsein. Natürlich laufe sein Laden gut, sagt Timor. Leider hätten viele seiner Landsleute keine Ahnung vom Geschäft. Sie seien zu ungebildet, wüßten nicht, wie man einen Döner anständig serviert, präsentiert, Atmosphäre schafft. Sein Laden sei auf jeden Fall ein Glücksfall. Ein echter Ort der Begegnung, zufriedene Kunden. Behauptet Timor. »Schon etwas von der Dönerkrise gehört, von Umsatzeinbußen?« frage ich schnell. »Ach was!« lautet die knappe Antwort. Wenn das seine Landsleute nur kapierten: Liefere man Qualität, laufe das Geschäft. Er macht eine abwehrende Bewegung, zieht die Schultern ein, als müßte er die ganze Last des Dönermißbrauchs alleine tragen, holt tief Luft, atmet kräftig aus. Es sprudelt geradezu heraus aus dem jungen Mann. Gerne würde er sich noch weiter unterhalten. Aber, leider – er schlägt die Heckklappe zu, springt ins Auto – müsse er los, runter in sein geliebtes Thüringen, nach Eisenberg, wo sein *McKebap*-Laden auf ihn warte.

> »Als Detektiv und Gentleman lehne ich
> Döner ab. Wenn es etwas auf der Welt gibt,
> was ich abgrundtief hasse, dann sind das
> fettige Fingerabdrücke auf Whiskygläsern.«
> *Nizamettin Namidar, Schauspieler*

Goldrausch im Osten

Seinen größten Triumph feierte der Dönerkebap in Ostdeutschland. Ob in Wittenberg, Quedlinburg, Cottbus, Weißenfels oder Schwedt – nach 23 Uhr sind die türkischen Restaurants, Grillhäuser und Imbißbuden häufig letzte Anlaufstelle. Es sind die Treffpunkte, an denen die hungrig umherziehende Kleinstadtjugend noch etwas Eßbares bekommt. Der Siegeszug des Dönerkebap im Osten ist eine der Großtaten der türkischen Community. Und er war eines der letzten waghalsigen Abenteuer bei der »Zivilisierung« dieses Landes. Die türkische Blitzaktion dürfte den Strategen in den Chefetagen der Hamburgerkonzerne noch heute in den Knochen sitzen. Es war wie beim Wettlauf zwischen Hase und Igel: Wo immer McDonald's-Mitarbeiter das Feld sondierten, um den geeigneten Standort eines Drive-in zu finden: der Döner war schon da.

»Mein Gott, ich bin total dem Dönerkebap verfallen. Hoffentlich gibt es die bald in unserer Hälfte, sonst gebe ich meine ganzen 200 Mark für Döner aus«, stöhnte ein junger Mann im März 1990 verzweifelt vor einer Imbißbude.[1] Was machten DDR-Bürger mit den 200 Westmark, die sie Anfang 1990 aus dem Reisedevisenfond für

600 Mark Ost kaufen durften? Natürlich im Westen auf den Kopf hauen und Döner essen. DDR-Bürger belagerten die Dönerbuden mit einer Begeisterung, die den Journalisten von Markenstein besorgt fragen ließ: »Schmeckt ein Kebap für umgerechnet 20 Mark?« Dönerkebap und Ossis, das war eine Begegnung der dritten Art. Die einen sangen Lobeshymnen, den anderen war der Knoblauchgehalt nicht ganz geheuer. Nur vier Tage nach der Maueröffnung belauschte die Berliner Journalistin Petra Schrott in der ehemaligen Grenzstadt Helmstedt witzelnde DDR-Bürger vor dem Dönerstand: »Soviel Knoblauch. Da brauchen wir an der Grenze nichts mehr zu sagen.«[2] Heute gehört in der Provinz ein Ausflug zum nächstgelegenen Dönerstand zum Vergnügen all derer, »die sich sonst nichts gönnen« – können. Sich für drei Mark fuffzig die Düfte des Orients um die Nase wehen lassen, gleichzeitig den Magen vollschlagen – was will man in harten kapitalistischen Zeiten mehr vom Leben verlangen?

Während türkische Obsthändler in der Wendezeit an den Grenzübergängen in Kreuzberg den unkundigen, bananenhungrigen Ostlern Südfrüchte zu Phantasiepreisen – fünf Mark West das Kilo Bananen – aufschwatzten, hatte Ali aus dem Wedding eine andere Idee. »Warum verkaufe ich meine Döner nicht in Ost-Berlin?« dachte er sich – und wurde reich. Über die wahrscheinlich erste Dönerkebap-Bude in der (Noch-)DDR, an der Berliner Ecke Breite Straße in Pankow gelegen, berichtete Stefan Kuschel im *Tagesspiegel*[3]:

»Ali mietet für 800 DM eine leerstehende Galerie in einem alten Flachbau, streicht Wände, schraubt zwei Spielautomaten an die Wand, stellt Holztische auf und macht das Geschäft seines Lebens. Ali denkt gerne an diese Zeit zurück. Sein kleiner Laden war immer voll, fast jeden Tag zog sich die Schlange der Wartenden bis hinaus auf die Straße. Köfte, gerösteter Blumenkohl, türkische Pizza – was da in den Glasvitrinen lag, kannten die Leute nicht. ›Ich möchte auch so ein Ding, sagten sie, wenn sie einen Döner wollten‹, erinnert sich Alis Angestellter Bülent. Oft mußte er lachen über diese Unbeholfenheit: wenn die Ost-Berliner Auberginen mit Hackfleisch für ›eingelegten Fisch‹ hielten, oder Börek (gefüllte Blätterteigrollen) als ›Brot‹ bezeichneten. Aber manchmal amüsierten sich die ›Ossis‹ auch über die Türken. Dann nämlich, wenn sie einen ›halben Broiler‹ erst bekamen, als sie auf die Hähnchen zeigten.

Der Umsatz war hoch. Jeden Tag verschlangen die neuen Kunden 60 Kilo Dönerfleisch, fünf Säcke Zwiebeln, fünf Kartons Rotkohl und eimerweise Schafskäse. Sechs Kollegen konnten den Ansturm kaum bewältigen. ›Alle zwei Stunden mußten wir unsere T-Shirts wechseln‹, sagt Bülent, ›so haben wir bei der Arbeit geschwitzt.‹«

Das Headquarter

Ein Augustvormittag im Jahr 1991. Der sonnendurchflutete Heinrichplatz in Kreuzberg zeigt sich von seiner besten Seite. Im *Café Jenseits* läßt das traditionsgemäß schwarz gekleidete Publikum den Tag in aller Gelassenheit angehen. Etwas blaß und gezeichnet sind die Gäste noch von den Anstrengungen der letzten Nacht. Aber das legt sich in der nächsten Stunde. Das an der Ecke Oranienstraße gelegene, ehemals besetzte Haus erwacht langsam zum Leben. Ein Rudel Hunde wird zum Pinkeln vor die Türe geführt. Auf der gegenüberliegenden Straßenseite sind dralle türkische Hausfrauen mit prall gefüllten Einkaufstaschen bereits auf dem Nachhauseweg. Dort warten die Kinder. Und die Männer, die in ein paar Stunden von der Frühschicht nach Hause kommen, wollen versorgt sein. Langsam laufen sie an der Szenekneipe *Rote Harfe* vorbei. Zerbrochene Bierflaschen, Hundekot und Müll auf dem Bürgersteig — Überbleibsel des rituellen, allnächtlichen Saufgelages. Alles geht seinen geordneten Gang in SO 36. Nichts Neues im Südosten. Ein kurzes Schwätzchen mit einer Sozialarbeiterin. Sie ist in Eile, muß ein Mädel in die betreute Jugendwohngemeinschaft begleiten.

Zwei hagere Männer in Stoffhosen, schwarzen Kunstlederjacken kommen aus Richtung Skalitzerstraße durch die Mariannenstraße auf den Platz zugelaufen. Sie bewegen sich etwas unsicher. Ihre fahle Gesichtsfarbe, die Schuhe und abgeschabten Aktentaschen verraten sie als Ostler. Ali Erol begrüßt sie mit lautem Hallo. Er mag Ostler. Behauptet er. Nicht nur weil seine Firma Aygaz über einhundert Dönerbuden im Ostteil der Stadt mit Gas für die Grillgeräte versorgt. In den siebziger Jahren habe er seine Wochenenden gerne in Ostberlin verbracht, erzählt er. Mit gedämpfter Stimme und breit sächselndem Tonfall reden die beiden Herren auf Erol ein. »Wir sind inkognito hier«, geben mir die Herren gewichtig zu verstehen, als ich mich ihnen vorstelle. Nur soviel wird verraten: »Wir ziehen einen Dönervertrieb in Sachsen und in Sachsen-Anhalt auf.« Ungefragt teilen sie mit: »Wir haben nichts gegen Türken!« — »Ah, ja.« — Eine andere Einstellung wäre an diesem Ort, wo Deutschland am autonomsten und türkischsten ist, auch nicht ratsam. Zumindest sollte sie nicht allzu laut verkündet werden. Und eifrig weiter: »Wir wollten einem Imbißbetreiber in Sachsen Döner anbieten. Aber der beharrt weiter auf seinem Leberkäse. Wir haben ihm gesagt: ›Beharren Sie weiter auf ihren rassistischen Einsichten. Sie werden sehen, was Sie davon haben.‹« Nichts gegen Leberkäse. Aber wo die Herren recht haben, sollte ihnen die Entwicklung recht geben. Leberkäse ist im Osten der Republik out. Während die Sachsen sich mit Ali Erol in dessen Stützpunkt zurückziehen, um Kühlmöglichkeiten für den Dönernachschub zu erörtern, schlendere ich weiter über den sonnigen Platz.

Ich treffe einen Gewährsmann. Er ist der Freund eines Freundes und führt mich in ein türkisches Restaurant – rechts neben dem Sitz der Fundi-Organisation »Milli Görüş«. Das Essen, das die Köche zubereiten, sieht lekker aus. Frisch, appetitanregend, sorgfältig und würdevoll behandelt. »Helâl« – nach islamischen Regeln zubereitet – verspricht ein Schriftzug am Kneipenfenster. »Warum sind die Konservativen die besseren Köche?«, schießt es mir durch den Kopf. Aber jetzt ist nicht der Augenblick, allzu viele Überlegungen auf diese Entdeckung zu verschwenden. Ebensowenig, zu entscheiden, ob ich einmal – für den Genuß eines vorzüglichen Essens – über meinen politischen Schatten springe und bei den Fundis essen gehe. Hastig erkläre ich mich innerlich dazu bereit. Ein schmaler Gang führt an den Toiletten vorbei zu zwei winzigen Hinterräumen des Restaurants. Textilien stapeln sich bis unter die Decke. Hemden, Hosen, daneben Lederjacken. Auf einem Schemel sitzt ein polnischer Kunde und prüft die Qualität der angebotenen Gürtel aus Istanbuler Produktion. In gebrochenem Deutsch verständigt er sich mit seinem Gegenüber. Der

Hacı mit grünweißem Turban und langem Bart macht eine Offerte. Man versteht sich. Bevor das Geschäft weiter geführt wird, bitten die Herren mich freundlich um Verständnis. Ich gehe.

Der Heinrichplatz, dieser Tummelplatz, auf dem in Berlin gestrandete, gelangweilte Provinzjungs aus Westdeutschland gemeinsam mit wütenden, gelangweilten Türkenjungs und der Polizei seit 1987 alljährlich die Kreuzberger Maifestspiele aufführen, gewinnt ein neues Gesicht. Bei näherem Hinsehen gibt er sich als rege Handelszone. Hier laufen die Informationen zusammen, auf welchen Wochenmärkten in den fünf neuen Ländern ein Geschäft zu machen ist – im Textilhandel, in der Dönerbranche. Noch ist der Osten nicht aufgeteilt, noch gibt es weiße Flecken.

Für die Berliner Türken ist das erweiterte Deutschland ein Segen. Über Nacht haben sich die Absatzmärkte vervielfacht. Mein Gewährsmann: »Vor der Maueröffnung standen viele Geschäftsleute kurz vor der Pleite. Seit der Wende boomt hier das Geschäft. Zum Teil machen die Händler einen Tagesumsatz von 500 000 Mark.« Zum Großteil steuerfrei. Kapital wird in Nachbarschaft der Kneipen akkumuliert, in denen nach zwei Uhr nachts noch ungebremst über die Glückseligkeit der bargeldlosen Gesellschaft deliriert wird. Geld, das in die Dönerindustrie fließt und sie in eine neue Umlaufbahn katapultieren wird.

Ich denke unweigerlich an meinen Freund Mehmed. Vor zwei Jahren führte er mich in die verwirrende Welt der türkischen Jugendgangs. Sie gründeten sich in der zweiten Hälfte der achtziger Jahre, um ihren Kiez, wie sie selbst behaupteten, von Skinheads und Nazis freizuhalten. Mehmed ist nur noch selten mit seinen Kumpels von den *Alis* unterwegs.[4] Während die Medien erhitzt das Phänomen der Jugendgangs diskutieren und der zeitlosen Frage »Was ist nur mit unserer Jugend los?« nachgehen, ist der inzwischen 22jährige längst mit anderen, wichtigeren Dingen beschäftigt. Neuerdings läßt er Skinheads Skinheads sein. Wochenlang reist er durch die neuen Bundesländer, hektisch auf der Suche nach Standplätzen für einen neuen Dönerimbiß. Ab und an kommt er auf einen Kaffee bei mir vorbei – immer frisch parfümiert, immer stilvoll gekleidet. Süffisant belächelt er meinen tristen Journalistenalltag und die mühsame Jagd nach dem Zeilenhonorar. Demonstrativ zückt und zählt er dicke Bündel von Geldscheinen, überprüft, ob sich nicht inzwischen ein paar Tausender in Luft aufgelöst haben könnten. Anschließend verstaut er sie umständlich in seinem Bauchgurt, um sich wieder auf den Weg in Richtung Osten zu machen. Ein Ritual, das sich wiederholt. Erst jetzt begreife ich, in was der Junge da verwickelt ist.

»Viele Jugendliche werden jetzt im Osten Unternehmer«, klärt mich Ali Erol auf, nachdem seine sächsischen Geschäftspartner aufgebrochen sind. »Vor allem die schwierigen Jugendlichen orientieren sich Richtung Osten, wittern die Chance ihres Lebens. Jeder hat im Kopf, dort einen großen Obst- und Gemüsemarkt oder einen Dönerladen aufzumachen.« Eine Straßensozialarbeiterin trifft auf ihren Erkundungsgängen im Ostteil der Stadt einige ihrer ehemals »gefährdeten und gewaltbereiten Jugendlichen«, wie sie im Fachjargon genannt werden, als stolze Eigentümer einer Imbißbude wieder. So leicht ist das also, aus Problemkindern und Stammkunden der Staatsanwaltschaft risikofreudige, zupackende Jungunternehmer zu machen! Auch Kreuzberger Straßenkampferfahrungen lassen sich versilbern. Hier im

»Getto«, wie die Jungs ihr liebenswertes Kreuzberg selbst nennen, haben sie gelernt, was sie draußen in freier Wildbahn brauchen. Mut, Abenteuerlust, Kampfgeist und die schlichte Lust am Kick, am Adrenalinausstoß, gehören Anfang der Neunziger zu den Grundvoraussetzungen, um sich als Döner-Pionier in den »Wilden Osten« vorzuwagen.

»Nach Dresden geht kein Türke. Dort haben die Neonazis die Stadt noch im Griff«, behauptet Erol. Deshalb seien ostdeutsch-türkische Kooperationen unerläßlich. »Auch kann ein Türke derzeit nicht als Vertreter durch Thüringen reisen.« Zu weit vom sicheren Kreuzberg seien diese Regionen entfernt. Bei aller Sympathie für die Ossis: Ali Erol, der gesetzte, ältere Geschäftsmann, tastet sich nur langsam ins Berliner Umland vor. »Ich bewundere die Leute, die im Osten einen Imbiß aufmachen. Sie sind mutig. Ich selbst fahre augenblicklich nur kurz rüber, mache meine Geschäfte und komme wieder zurück.«

In Ali Erols Büro stapeln sich Grillgeräte – aus Ostberliner Produktion. Gaskartuschen, Dönermesser – eben die Grundausstattung eines Imbiß. Er berät seine Kunden, liefert schlüsselfertige Dönerverkaufsstellen. In diesen abenteuerlichen Tagen – das Handy ist noch nicht allgegenwärtig – gehört auch eine Funkausrüstung dazu. In einem Regal warten CB-Geräte auf Kunden. Manchmal sind sie überlebensnotwendig – zum Beispiel in Schwedt.

Im Herbst 1990 kommt es hier zum großen Showdown zwischen einer rechten Clique und türkischen Geschäftsleuten. Über die Hintergründe berichtet Raif Y.: »Im Frühsommer 1990 habe ich auf dem Wochenmarkt in Egersdorf Oliven, Quark und solche Dinge verkauft. Mein Nachbar, ein Händler aus Schwedt, fragte mich, warum ich keinen Döner verkaufe. Im Juni 1990 habe ich dann damit angefangen. Tatsächlich liefen die Geschäfte mit dem Döner besser. Binnen kürzester Zeit steigerte ich die verkaufte Menge von 25 auf 50 Kilogramm.« Im August 1990 verlagert der junge Geschäftsmann seinen Standort nach Schwedt. Am Platz der Befreiung, direkt vor der Kaufhalle, hat sich ein fester Markt etabliert. Natürlich darf ein Dönerstand nicht fehlen. Vietnamesen, Türken und Deutsche bieten den Schwedtern Textilien, Gewürze und Nippes feil. Dieser kleine Eurasia-Bazar ist den städtischen Neonazis aus dem Umfeld der *Nationalistischen Front* schnell ein Dorn im Auge. Eine Gruppe marschiert auf, fordert von den türkischen Händlern pro Tag und Stand einhundert Mark Schutzgeld. »Natürlich haben wir das abgelehnt«, so Raif Y. Die Folge: Imbißbuden werden ausgeraubt und zerstört. Und jeder Türke, der allein durch die Stadt läuft, wird zusammengeschlagen – zumindest muß er damit rechnen. Ein SOS-Ruf per Funk erreicht die Zentrale in einer kleinen Kreuzberger Hinterhofwohnung. In Windeseile macht sich ein Konvoi von mehr als siebzig Autos in die hundert Kilometer nordöstlich gelegene Industriestadt auf. Eine Massenschlägerei, ein paar scharfe Schüsse stellen klar – wir bleiben hier! Und wir machen weiter unsere Geschäfte.

Ein Jahr später, im September 1991, herrscht ein brüchiger Frieden. Hin und wieder werden in der Nacht noch die Reifen von Raifs Imbißwagen zerstochen, Übereifrige tragen die Parole »Ausländer raus« frisch auf. Mehr passiert nicht. Wird einer der Neonazis doch einmal zu vorlaut, bekommt er zur Auffrischung seines Gedächtnisses eine Sonderbehandlung – so bleibt der Ausgang des 90er Scharmützels besser in Erinnerung. Inzwischen plagen Raif Y. andere Sorgen: »Ich würde ja gerne Schwedter Bürger einstellen. Die sind aber alle zu faul. An einem Tag verdienen sie etwas Geld, am nächsten Tag machen sie frei.« Allerdings ist seine Offerte auch für arme Ostler nicht unbedingt der Hit: 70 Mark am Tag »auf die Hand« plus freie Döner.

Der Pionier

Vier Jahre später. »Mit dem ›City Pub‹ habe ich mir einen alten Traum verwirklicht.« Übermüdet sitzt Ursula Bielack, Pächterin der Restauration des neueröffneten Kongreßhotels in Hoyerswerda, auf dem Barhocker. Noch durchdringt der Geruch frisch verleimten Holzes und der Malerarbeiten die Luft des Gastraumes. Bedächtig rührt sie mit dem Löffel in der Kaffeetasse. Nur langsam fällt die Anspannung von ihr ab. Doch schnell gewinnt ihre Stimme die alte Festigkeit und Entschlossenheit, wenn sie von der Qualität und Vielfalt der angebotenen deutschen und französischen Küche schwärmt, die in Zukunft Gäste locken soll.

»Als kleine Kebap-Verkäuferin kam sie vor vier Jahren verunsichert in ihre Heimatstadt zurück. Heute führt sie eines der ersten Häuser am Platz«, wirft ihr Lebensgefährte Izzet Aydoğdu lachend ein und legt seinen Arm liebevoll um ihre Schulter. »Wichtig ist, ich habe durchgehalten!« entgegnet die erfahrene Gastronomin trotzig. Das klingt ein wenig wie eine Beschwörung, nicht ganz frei von Verbitterung.

Wir frischen alte Erinnerungen auf. Noch lebhaft ist ihr der Sommer 1991 in Erinnerung, als ich sie zum ersten Mal in Hoyerswerda besuchte. Es waren die wilden

Pioniertage, als sie mit der *Dönerix*-Imbiß-Kette die sächsische Region für den Dönerkebap erschloß und mir der Name der Stadt nichts weiter sagte, als die Karte verriet: daß sie etwas südlich des Braunkohlegebiets liegt, eine Autobahnausfahrt nach der Schwarzen Pumpe. Das Firmensignet – der unbezwingbare Obelix mit einem Dönerspieß statt eines Hinkelsteins auf dem Rücken – war Programm. Das zehn Kilometer südlich von Hoyerswerda am Knappensee gelegene Terrassen-Café *Dönerix* wurde im wahrsten Sinne des Wortes von feindlichen Truppen belagert. Römer waren es nicht, aber Mitglieder der »Neuen Deutschen Ordnung«, die wenige Wochen später beim Sturm auf das Ausländerwohnheim traurigen Weltruhm erlangen sollten. Sie bauten sich vor dem Kebapverkäufer auf: »Eh', guck mal, was ich da mache. Das ist eine türkische Mücke, der reiß ich jetzt die Beine aus.« Sie besprühen die Mücke mit Feuerzeuggas und verbrennen sie anschließend. »So werden wir es künftig mit euch Kanaken machen.«[5]

Aufgeräumt versucht Izzet Aydoğdu, die Schatten der Vergangenheit zu vertreiben: »Der Döner hat uns die Türen geöffnet, um in der Stadt seßhaft zu werden. Hoyerswerda hat ein negatives Image, aber die Stadt hat sich geändert.« Mehr als moralische Appelle haben die Ausdauer und der Mut des deutsch-türkischen Duos bewirkt. Als Neonazis im September 1991 Hoyerswerda großmäulig zur ersten »ausländerfreien Stadt« ausrufen wollten und Flüchtlinge sowie Vertragsarbeiter attackierten, verkaufte das Paar weiter unerschrocken seine Dönerkebaps aus dem Imbißwagen am Lipezkerplatz. Es infizierte die Rechtsradikalen mit der Langzeitwirkung des Döners – und siegte. Moralisch und ökonomisch. Bielack: »Es war verrückt. Die Neonazis kamen zu uns an den Imbiß. In

der einen Hand den Döner, die andere Hand zum deutschen Gruß erhoben, rannten sie zurück zum Wohnheim, um weiter zu randalieren.«

Neben Grillrestaurants in Rothenburg und Görlitz sowie zwei Imbißwagen in Bernsdorf betreibt das Geschäftspaar heute einen Großhandel und einen Vertrieb für Dönerbedarf. Deutsche und vietnamesische Kunden in Dresden, Cottbus, Bautzen und Zittau werden von ihnen mit den Produkten der Berliner Dönerindustrie beliefert. Allerdings lehnt Izzet Aydoğdu die Verantwortung für das ab, was im Endverkauf aus dem von ihm gelieferten Döner gemacht wird. Ein »Döner Hawaii« – Döner mit Ananas –, wie er auf der Woche des ausländischen Mitbürgers in Cottbus von einem deutschen Imbiß angeboten wurde, käme ihm – bei allen Zugeständnissen – nicht auf den Tisch. Ohnehin beobachtet er mit zwiespältigen Gefühlen, wer alles in das Dönergeschäft einsteigt. Ginge es nach ihm, bliebe die Dönerbranche in türkischer Hand. Im Osten gehen indessen die Uhren anders

als all die Jahre im Westen. Dies ist nicht die Zeit der Puristen – den Deutschen der Wurst-, den Türken der Dönerverkauf. Wie die Türken kamen die Ostler als vorläufige Verlierer des ökonomischen Strukturwandels auf den Dreh mit dem schnellen Imbiß. Unvergeßlich die Gründerjahre der »neuen deutschen Länder«, als auf jeder Raststätte, an jeder Straßenkreuzung von lokaler Bedeutung ein Imbiß eröffnete. Wer im Geschäft bleiben wollte, der mußte des Ostlers liebste Kinder – Schweinefleisch und Döner – mit ins Sortiment nehmen. Im nahen Bad Muskau reihen sich am deutsch-polnischen Grenzübergang die Dönerstände. Kein türkischer, aber dafür ein griechischer Standeigner, zwei deutsche und drei vietnamesische Imbißbetreiber bieten hier Döner im Gemischtwarensortiment an. Über dem *Asia-Imbiß* verkündet ein großes Schild: »Deutsche Gerichte – Asiatische Küche – Döner Kebap.«

Kehren wir nach Hoyerswerda zurück. Fünfzehn Dönerverkaufsstellen versorgen heute die 60 000 Einwohner mit dem beliebtesten Fast-food-Artikel des Ostens. Einen Steinwurf vom alten Standort der Imbißbude entfernt, haben die Dönermissionare Aydoğdu/Bielack im September 1992 die *Grill-Oase* eröffnet. Zufrieden mit sich und dem Erreichten sitzt Izzet Aydoğdu in dem Bistro und erläutert: »Der Döner ist mehr als ein billiges Essen. Er ist eine Philosophie. Die Türken wollen sich mit dem Döner beweisen, wie man etwas Gutes billig verkaufen kann.« Der Erfolg gibt dem Geschäftsmann recht. Zur Mittagszeit dreht sich alles um den Spieß, steht die Kundschaft vor dem Verkaufsfenster Schlange. »An einem Tag verkaufen wir mehr als 600 Döner.«

Dunkle Augenringe beweisen: Es war kein Erfolg, der dem langjährigen Sozialarbeiter und Initiator der Dönerix-Kette mittels eines Zaubertranks über Nacht in den Schoß fiel. »Es war Knochenarbeit, uns die Position in der Region zu erarbeiten.« Eine harte Wegstrecke liegt zwischen jenen Tagen Mitte der siebziger Jahre, als Izzet Aydoğdu seinen ersten Döner-Imbiß in Berlin-Kreuzberg eröffnete und der heutigen Stellung als angesehener, da erfolgreicher Bürger Hoyerswerdas. Damals, in den Siebzigern, schwor sich Izzet Aydoğdu nach einem Jahr Schinderei: »Nie wieder Döner!« und wechselte als Sozialarbeiter in den ruhigeren öffentlichen Dienst. Fünfzehn Jahre später steuert er wieder stürmische Gefilde an. Lebenslänglich Sozialarbeiter, das kann nicht alles sein, was das Leben zu bieten hat, dachte er sich. Also eröffnet Aydoğdu 1989 ein Restaurant in der Westberliner Uhlandstraße. Kredite werden aufgenommen. Ruhiger als das Dönergeschäft soll der Neueinstieg in die Gastronomie werden. Aber es kommt anders. Das Restaurant braucht Anlaufzeit und Izzet Aydoğdu dringend Geld. Ein Bekannter macht den Vorschlag, im Osten der Stadt

einen Dönerimbiß aufzubauen. »Zunächst hatte ich absolut keine Lust. Im September 1990 wagte ich schließlich den Schritt ins andere, mir unbekannte Deutschland.« Aydoğdu eröffnet einen Imbiß in der Ostberliner Friedrichstraße. Freunde erklären ihn für verrückt. Ausländerfeindlich, aggressiv und intolerant, so deren Erzählungen, seien die Ostdeutschen. »Natürlich braucht es seine Zeit, bis sich die Ostdeutschen an uns Türken gewöhnen, aber das legt sich«, denkt sich der Sozialarbeiter im stillen. Die auf Goldbroiler und Bockwurst gedrillten Noch-DDR-Bürger scheinen seinen Optimismus zu bestätigen. »Sie rissen mir den Döner förmlich aus der Hand.«

Die Freude über den Absatz der völkerverbindenden orientalischen Spezialität währt nur kurz. Zwei Tage nach der Eröffnung, der Imbiß ist noch nicht einmal versichert, wird der Verkaufsstand Ziel eines Brandanschlags. »Die Solidarität der Nachbarn machte mir neuen Mut.« Zwei Wochen nach dem »Zwischenfall« eröffnet Aydoğdu an alter Stelle einen neuen Imbiß. Um künftige Anschläge zu vermeiden, hat er rund um die Uhr geöffnet und so den Absatz von zehn auf einhundert Kilogramm täglich gesteigert. An »heißen« Fußballwochenenden und symbolträchtigen Tagen wie dem 3. Oktober, an denen damals noch mit Angriffen aus der militanten rechten Szene gerechnet werden muß, schützen nun Bewohner des Kiezes in Berlin-Mitte »ihren Imbiß«. Hier lernt Izzet Aydoğdu Ursula Bielack, die Chefin des benachbarten Cafés *Oranienburger Tor*, kennen, später dann lieben. Fünfzehn Jahre lang hatte sie in Hoyerswerda die Wohngebietsgaststätte am Lipezkerplatz im Wohnkomplex 8 geleitet, über 70 Angestellte und 50 Lehrlinge dirigiert. 1987 flüchtete sie »vor den ewigen Protokoll- und FDJ-Veranstaltungen« nach Ostberlin, um »was Eigenständiges aufzuziehen«. Aus dem Café ist mit Aydoğdus Unterstützung eine Döner-Grill-Stube geworden.

Im April 1991 kehrt die frisch gebackene Geschäftsfrau in Sachen Dönerkebap in ihre Heimatstadt zurück. Schräg gegenüber der alten Arbeitsstätte baut sie mit ihrem Partner den *Dönerix*-Imbißwagen auf – Arbeitsplätze für arbeitslos gewordene Familienangehörige. Am 18. April soll Eröffnung sein. »Aber plötzlich sahen wir immer mehr Glatzen durch die Stadt laufen«, erinnert sich Izzet Aydoğdu. Ein bundesweiter Aufmarsch der Naziskinhead-Szene sucht Hoyerswerda heim. Zu Ehren Adolf Hitlers ist ein großes Konzert mit der »Blood & Honour«-Kultband Skrewdriver für den 20. April angesetzt. Aydoğdu: »Also haben wir gewartet, bis der Spuk vorbei war und erst am 21. April eröffnet.«

Ursula Bielack ist in den ersten Tagen noch aus einem anderen Grund mulmig zumute: »Ich wußte nicht wie die Leute, die mich von früher kannten, reagieren würden, ob sie hämisch auf mich herunterschauen, wenn die alte

Chefin nun in einer Frittenbude steht.« Zeiten und soziale Stellung haben sich geändert. Heute beschäftigt das deutsch-türkische Gespann mit seinem Firmennetz dreißig Personen. Fast alle stammen aus der Gegend von Hoyerswerda. Inzwischen haben auch die hartnäckigsten Ausländerhasser »den Türken« und seine Lebensgefährtin akzeptiert.

»Ihr habt uns die Arbeitsplätze weggenommen! – Was hast du gelernt? – Kuhmelker! – Ich habe studiert und habe deinen Arbeitsplatz nicht weggenommen.« Nach endlosen Diskussionen wie diesen, kamen schließlich auch die Glatzen in die *Grill-Oase* und haben sich bei Izzet Aydoğdu für die Übergriffe und Beleidigungen der Vergangenheit entschuldigt. Und zu verzeihen gab es eine ganze Menge.

Döner und Gewalt

Die Übergriffe rechter Schlägertrupps konnten den Siegeszug der *Dönerix*-Imbiß-Kette nicht stoppen. Eine Dokumentation der heftigsten Übergriffe auf Mitarbeiter und Einrichtungen:

September 1990: Der *Dönerix*-Imbiß in Berlin-Mitte wird Ziel eines Brandanschlags.

April 1991: Die für den 18. April geplante Eröffnung des *Dönerix*-Imbiß in Hoyerswerda wird um drei Tage verschoben, weil Naziskins aufmarschieren, um am 20. April Hitlers Geburtstag mit einem Konzert zu feiern.

April 1991: Ursula Bielacks Sohn Frank, der heutige Geschäftsführer der *Grill-Oase*, wird von Neonazis schwer mißhandelt, als er einen türkischen Kebapverkäufer ins Wohnheim begleitet. Tagelang liegt er im Koma.

Sommer 1991: Knappensee. Über Monate terrorisieren Neonazis im Auftrag eines Berliner Unternehmensberaters das Personal des *Dönerix*-Terrassen-Cafés. Sie beschimpfen die Frauen als »Türkenhuren«. Einige von ihnen kündigen aus Angst vor Übergriffen.

August 1992: Eine Gruppe von zirka fünfzehn Skinheads überfällt die *Grill-Oase* in Hoyerswerda am hellichten Tag, um die Kasse zu rauben.

September 1992: Eine Gruppe von vier Glatzen ißt in der *Grill-Oase*. Anschließend verlassen sie das Lokal mit den Worten: »Wir zahlen nicht bei Türken.«

Herbst 1992: Drohbriefe aus der rechten Szene erreichen das Geschäftspaar. Monatlich tausend Mark Schutzgeld für einen Imbißwagen werden gefordert.

1993: Ein großer Sonnenschirm vor der *Grill-Oase* wird zweimal abgefackelt (Schaden: 14000 DM).

September 1994: Der türkische Kebapverkäufer eines *Dönerix*-Imbißwagens wird von vier Jugendlichen bedroht. Zwei Tage später wird der Imbiß niedergebrannt. Gegen zwei der mutmaßlichen Täter läuft augenblicklich ein Prozeß.

Trotz aller Erfolgsmeldungen aus der Dönerbranche stößt die Berliner Industrie nach Jahren beispielloser Expansion an Grenzen. 1995 war das bislang schwierigste Dönerjahr im Osten Deutschlands. »Der Umsatz ging erstmals um zehn Prozent zurück. Das ist ein harter Schnitt«, klagt Izzet Aydoğdu. Noch dramatischer sei der Einbruch in Berlin gewesen. In der Dönermetropole brach der Umsatz der Branche um mehr als zwanzig Prozent ein. Und dies in einer Situation, in der die Fixkosten – Mieterhöhungen, Solizuschläge, Lohnsteuern, Versicherungen – steigen. Was tun, um flüssig zu bleiben, alle

Verbindlichkeiten zu begleichen? Die einen setzen auf Preiskampf. Anfang 1996 verkünden in Berlin über Gehwege gespannte Transparente ein Sonderangebot nach dem anderen. Für zwofuffzig wird er in der Hermannstraße angeboten, für zwei Mark am Kottbusser Damm. Ein Imbiß in der Adalbertstraße verspricht für die Dauer eines Jahres das Discount-Angebot von 2,90 DM. Andere glauben, mit 3 Mark bestehen zu können. Not macht erfinderisch. Eine Dönerbude verteilt beim Kauf von zwei Dönerkebaps Lose. Sie sind das Billet zu einer Tombola. Der Hauptgewinn: ein Farbfernseher.

Der »faire« Dönerhandel

Wie diese verbraucherfreundlichen Preise erzielt werden können, bleibt eines der großen Mysterien. Denn die Kalkulation ergibt, bei den derzeit üblichen Marktpreisen:

Wareneinsatz:		
1/4 Pide		0,20
100 g Dönerfleisch		1,–
Soße, Salat, Gas		0,50
		1,70
10% Schwund		0,18
		1,88
Fixkosten:		
Miete für Imbißbude:	2 500,–	
Tagesmiete	100,–	
Für Döner (Anteil)	50,–	
(300 Döner am Tag)		0,17
Steuern/Versicherung:		0,10
Investitionen	100 000,–	
im Jahr	20 000,–	
im Monat	1 667,–	
Anteil pro Döner		0,10
Lohnkosten:		1,–
		3,25
plus 15% MWSt		0,49
Selbstkostenpreis		**DM 3,74**

Wer einen qualitativ und sittlich einigermaßen vertretbaren Hackfleischdöner essen möchte, der müßte in einer schlichten Imbißbude mindestens 4,50 DM hinblättern. Für einen der besseren Yaprakdöner mindestens 5 DM. Wollte der »faire Konsument« nicht nur die türkische Ökonomie am Leben erhalten, sondern auch den Preis der geltenden tariflichen Arbeitsbedingungen in der Bundesrepublik Deutschland entrichten, dann wäre der politisch korrekte Preis für einen Hackfleischdöner mindestens 6 DM, für einen Yaprakdöner 6,50 DM. Bei teuren Mieten in Citylagen oder bei etwas stilvollerer Einrichtung des Imbisses entsprechend mehr – bis zu sieben Mark.

»Ich bin der gefährlichste Killer aller Zeiten.
Ich habe schon mehr als tausend Döner erlegt.
Vielleicht hätte ich mal einen essen sollen.«
Ali Yiğit, Schauspieler

Bekenntniszwang: Döner und Politik

»Na, Maik, was ißt du denn da? Bist du auf den Geschmack gekommen?« Peinliche Begegnung in Frankfurt an der Oder. Ein Mitarbeiter des Staatsschutzes, Abteilung Rechtsextremismus, »stellt« süffisant grinsend einen alten Kunden am Imbiß. Maik errötet bis zum Haaransatz. Verschämt wischt er sich die Knoblauchsoße von der pikkeligen Backe und mümmelt verlegen weiter an seinem Döner. To döner or not to döner? Für Maiks Clique war dies bis vor kurzem keine Frage des Geschmacks, über den sich bekanntlich streiten läßt, sondern eine der politischen Korrektheit. Sie pöbelten die (linken) »Dönerfresser« aus ihrer Schule als Vaterlandsverräter an. Der Snack am Dönerstand wurde zur politischen Widerstandshandlung und zum festen Bestandteil der örtlichen Erlebnisgastronomie.

Zweihundert Jahre Aufklärung – schön und gut. Aber die Welt wird kompliziert und unübersichtlich. Orientierungshilfen sind deshalb nötiger denn je: »Sag mir, was du ißt, und ich sage dir, wes Geistes Kind du bist.« Nachdem in den achtziger Jahren alles diskutiert war, sich trotzdem wenig zum Guten änderte, blieb ermatteten

Linken und desillusionierten Alternativen der Futternapf als letzte Bastion. Zumindest am heimischen Herd sollte die Entfremdung aufgehoben und, frei nach Adorno, das richtige Leben im falschen eingerichtet werden.

Gegen diese Selbstgenügsamkeit und die Konzentration auf die wesentlichen Dinge des Lebens wäre nichts einzuwenden. »Jeder nach seiner Façon« – noch nie war das altpreußische Toleranzedikt wichtiger als gegen Ende des 20. Jahrhunderts. Bedauerlicherweise beläßt es die Kochlöffel-Avantgarde nicht bei der Pflege ihres Kräutergärtchens. Jeder Happen wird zu einer Klassen-, in schlimmeren Fällen gar zu einer Gattungsfrage. In Berlin-Kreuzberg geraten Köche, die sich weigern, ihre Kunst auf Frittenniveau herunterzuwirtschaften, unversehens in die Wurflinie von Exkrementen und Handgranaten. Erinnert sei an dieser Stelle auch an die militanten Veganer aus Bremen. Sie drohten einem friedlichen Ökometzger mit der Todesstrafe, falls er sich dem Diktat der »Bewegung« – Don't kill animals! – nicht beuge. Nach erfolgreichen Aktionen schaufeln die Aktivisten in gemeinsamen, freudlosen Abendmahlen Berge von Sojagulasch in sich hinein, als gelte es tatsächlich, den Planeten durch radikalvegetarische Diät zu erlösen.

Jugendarbeit mit Rechten? Das war in der ersten Hälfte der neunziger Jahre ein vielerorts heiß erörtertes Thema. Angesichts des herrschenden Zeitgeistes war dies für die Sozialarbeiter ostdeutscher Kleinstädte wie Storkow, Königs Wusterhausen oder Fürstenwalde allerdings nie die entscheidende Frage. Einzig der Grad der ideologischen Halsstarrigkeit und der organisatorischen Vernetzung der Jugendlichen war interessant. Ein Kurztrip nach Berlin und eine Stippvisite an der Dönerbude klärten für sie die Fronten. Bei den Glaubensbekenntnissen

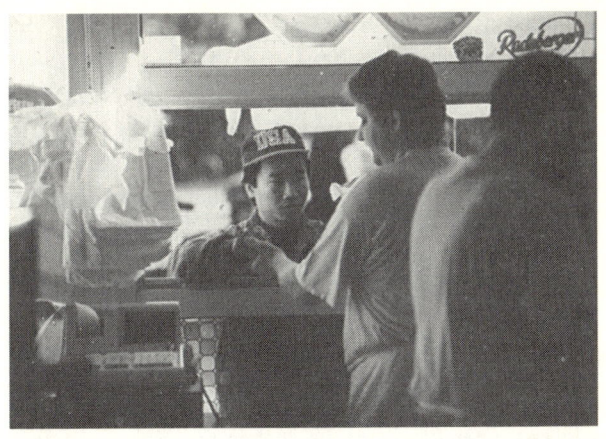

»Döner – ja« oder »Döner – nein« lernten die Sozialarbeiter ihre Klienten besser kennen. Hier konnten sie ausloten, wie offen oder ideologisch vernagelt die einzelnen Mitglieder der Jugendgruppen sind.

Nicht nur Rechte, sondern auch Liberale, engagierte Christen und Linke verwandelt Fast food in zwanghafte Bekenner. Über fünfzehn Jahre währt nun schon der Kampf gegen McDonald's. Pädagogisch ist dieser schon längst aus dem Ruder gelaufen. In fundamentalistischen Familien, ökostalinistischen Kindergärten und Schülerläden (mit Schwerpunkt: Umwelterziehung) werden bereits Kleinkinder regelrechten Gehirnwäschen unterzogen. Nicht anders kann zumindest die Reaktion der achtjährigen Tochter von Bekannten (einer Zwangsvegetarierin per Elternbeschluß) eingeordnet werden, als ich ihr nach dem Besuch des Streichelzoos und mit knurrendem Magen einen schnellen Besuch bei McDonald's vorschlage. Mit vor Schreck geweiteten Augen raunzt sie mich an: »Ej, weißt du das nicht, McDonald's killt den

Regenwald!« – Was weiß dieses Kind über die Viehzucht und den Sojaanbau in Brasilien, vom Regenwald, von internationalen Wirtschaftsbeziehungen und kapitalistischen Produktionsbedingungen? »Quatsch!« entgegne ich. »Meinst du?« fragt sie verschmitzt grinsend zurück. »Da bin ich mir ganz sicher!« (Schließlich ist bekannt, daß sich McDonald's schon lange aus heimischer Produktion bedient. Aber das behalte ich für mich. Was soll die Kleine auch mit dem Quatsch anfangen, wie mühevoll die Rosinen und Sonnenblumen ihres täglichen Müslis der Scholle abgerungen werden?) – »Sollen wir?« drängt sie nun zum Aufbruch. Wenig später sitzt sie mit der Glückseligkeit einer Floristin, die soeben von ihrem Verehrer die erste Perlenkette geschenkt bekommen hat, vor einem BigMäc mit Milchshake, Pommes und Ketchup. Die Wangen glühen vor Begeisterung. Mit leuchtenden Augen erschließt sie sich eine neue, fetttriefende Geschmackswelt. Mit dem Stolz einer Hauptgewinnerin in der Lotterie trägt sie die McDonald's-Kinderpräsente – billigen Plastiktand – aus der Filiale am Bahnhof Zoo.

Nach dieser Tabuverletzung treffe ich mich noch einige Male mit der kleinen Vegetarierin. Nach ein paar (Fleisch-)Orgien in unserer Lieblings-Döner-Bude verblassen die Erinnerung an McDonald's. Der Döner wird zur ersten Leidenschaft ihres Lebens. Ihr Taschengeld, so kommt mir zu Ohren, legt sie auch heute noch, vier Jahre später, mit Vorliebe in Dönerkebap an. Mit ihrer ansteckenden Begeisterung hat sie inzwischen den halben Schülerladen auf die schiefe Ernährungsbahn gebracht. Versteckt in Hauseingängen, Parkanlagen und Hinterhöfen nehmen sie Urlaub von ihrem Biomikrokosmos und verdrücken genüßlich schmatzend ihre Fleischtaschen.

Zurück zum Anti-McDonald's-Kampf. Weitere gewichtige Anschuldigungen gegen den Hamburgerkonzern lauten: McDonald's produziert Müllberge, zerstört die Eßkultur, verführt (wie beschrieben) die Kinder und behandelt sein Personal schlecht. Wo sich soviel Böses konzentriert, sind Enthüllungs- und Gesinnungsjournalisten wie Günter Wallraff nicht weit. Mißstände aufzudecken, ist immer ehrenwert. Auch Skandale beim Namen zu nennen, ist nicht verkehrt. Aber ist die Entscheidung pro oder contra McDonald's wirklich eine Frage der politischen Korrektheit? Für Günter Wallraff steht sie außer Zweifel: »Ich traf mal während meiner Zeit bei McDonald's einen Dramaturgen, den ich von früher gut kannte, der mich aber nicht wiedererkannt hat. Als ich ihn später darauf ansprach, wieso er das Zeug reingemümmelt habe, meinte er, er mache Studien über Jugendliche. Ich habe ihn weniger studieren, sondern mehr mampfen sehen.«[1] Der arme Dramaturg. Er muß sich bei seiner Enttarnung durch Günter Wallraff ein wenig wie Maik aus Frankfurt gefühlt haben. Nicht auszudenken, wenn der Dramaturg von Wallraff (Ali) in flagranti angegangen worden wäre. Peinlich!

Günter Wallraff weiter: »Immerhin: Eine der Reaktionen auf das, was ich in meinem Buch *Ganz unten* über die Zeit bei McDonald's geschrieben habe, scheint – zumindest – ein Zurückschrecken zu sein; wie mir berichtet worden ist, ist gerade Schülern der Appetit doch ganz gewaltig vergangen.« Falsch, Herr Wallraff.

Obgleich die an den bundesweit 10 000 Dönerspießen gegrillten Herden von Kälbern, Rindern und Lämmern, wie die McDonald's-Rinder, mit Soja-Kraftfutter gemästet werden, die bundesdeutsche Dönersandwich-Kultur gewiß nicht das Nonplusultra der Eßkultur ist, die hygienischen Bedingungen mitunter beschämend sind, viele

Kinder auf Döner abfahren und viele Döner-Unternehmer ihr Personal alles andere als gewerkschaftlich korrekt behandeln, bitte ich Sie: Essen Sie ihren Döner ruhigen Gewissens weiter! Einen Günter-Wallraff-Effekt wünsche ich mir nach den Berichten aus dem Inneren der Dönerindustrie nicht. Und fangen Sie erst gar nicht an, nachzuforschen, wie die Position Ihres Dönerdealers zur PKK ist, zu den Grauen Wölfen, zu dem Islamisten Erbakan, welche Haltung er gegenüber dem Demokratisierungsprozeß in der Türkei einnimmt und wie er zu den universalistischen Werten der Aufklärung steht. Vermeiden wir des Teufels Küche und orientieren wir uns lieber an den Geschmacksnerven. Für die Qualität eines Döners ist es völlig uninteressant, ob der Produzent Alevit, Aramäer, griechischer Türke, Sozialist, Fundi, Armenier, Jude, Sunnit oder einfach nur Geschäftsmann ist.

Etwas verwunderlich ist es indessen schon, daß die milliardenschwere Dönerindustrie von der scharfzüngigen Kritik der McDonald's-Gegner verschont wird. Sollte es wirklich daran liegen, daß McDonald's ein US-Konzern ist und im anderen Fall die Klein- und Frühkapitalisten einer Bevölkerungsgruppe entstammen, die man als aufrechter Liberaler per se der Opfergruppe zuschlägt? Oder sind nur Angehörige des westlichen Kulturkreises satisfaktionsfähige Gegner? Wenn das eigene (linke) Urteilsvermögen tatsächlich in erster Linie von Ressentiments bestimmt wird, dann darf man sich natürlich auch über die schlichten Weltbilder der Rechten nicht wundern. Was dem einen sein (neuerdings) ökologisch verquaster Antiamerikanismus, ist dem anderen seine antitürkische Dönerphobie.

Dönerphobie

Dönerfreie Zonen werden rar, ein dichtes Dönernetz umgarnt die Deutschen. Kein Bürger muß mehr bis zu seinem nächsten Berlinbesuch warten, um seinen Heißhunger auf Döner zu stillen. Dönerphobe Zeitgenossen stimmen deshalb Jubelarien an, wenn sie eine der weniger erschlossenen Regionen entdecken. Überschwengliche Urlaubsgrüße werden an die Geschmacksgenossen geschickt: »Hier im südlichsten Deutschland, in Oberstdorf im Allgäu, ist die Welt für einen Republikaner noch halbwegs in Ordnung, weil man in Bayerns Urlaubsorten noch Deutscher unter Deutschen sein darf. Keine Kebap-Stube, keine Kopftücher, keine türkische Folklore und Vornamen wie Sepp und Heini statt Mustafa und Erdal. Die multikulturelle Gesellschaft ist noch nicht bis in die Alptäler vorgedrungen.«

Weit mußte Uwe Gollner, Landesvorsitzender der Republikaner in Nordrhein-Westfalen, fahren, ehe er sich »relaxed« fühlte. Im Mai 1991 schrieb er an seine Parteifreunde weiter: »Dem deutschen Wesen nah sein, das bedeutet für mich, im Sängersaal der Burg Neuschwanstein den Klängen aus Wagners Lohengrin zu lauschen. Wenn wir nicht schon bald ein gehöriges Wörtchen in der deutschen Politik mitreden, wird im Sängersaal der Muezzin zum arabischen Gebet rufen.« Auch Uwe Gollner ist Mitglied der politischen Anti-Fast-food-Liga und lehnt McDonald's (wg. US-Kulturimperialismus) ab. Döner-Buden mag er allerdings (wg. Ethnopluralismus) noch weniger.

Kämpfer für ein dönerfreies Deutschland gab es lange vor Gollners beschaulichem Urlaub im Allgäu. Zunächst traf der teutonische Zorn allerdings türkische Lebensmittelgeschäfte. Döner-Buden (und ihre Betreiber) wurden erst Ende der achtziger Jahre zum Hauptangriffsziel – nach ihrem Siegeszug, als ihre Allgegenwart auch dem letzten deutschen »Volksgenossen« klarmachte, daß das alte Deutschland der Bockwurst und der Thüringer untergegangen war. Einige wenige, ausgesuchte Beispiele von Hunderten:

November 1982: Nach einem Fußballspiel gegen den FC Bayern München greifen rund 120 Berliner Fußballfans in Charlottenburg einen Gemüseladen an, zerstören Auslagen und Geschäftseinrichtung und verletzen den Sohn und die Frau des Geschäftsinhabers.

In dieser Zeit lebte ich in Berlin-Moabit. Innerhalb weniger Monate wurden in dem Haus, in dem ich wohnte, nächtens wiederholt die Fensterscheiben einer türkischen Bäckerei eingeworfen. Einige (deutsche) Kunden mißverstanden Dario Fos (satirische) Aufforderung: »Bezahlt wird nicht!« So neutralisierte mein deutschnationaler Nachbar, ein invalider Kohlenträger und Sozialhilfeempfänger, seine überlebensnotwendigen Ladendiebstähle mit den Worten: »Ich klau meine Tütensuppen nur beim Türken.« Ein griechisches Restaurant erhielt Besuch von Naziskinheads, die die Wirtin nötigten, ihren Rechtsrock abzuspielen. Auch die Fensterscheiben eines antifaschistischen Buchladens gingen zu Bruch.

Februar 1983: Unbekannte verüben einen Brandanschlag auf ein türkisches Lebensmittelgeschäft in Berlin-Spandau.

November 1987: Zehn Skinheads hindern in Westberlin die Kundschaft, einen türkischen Imbiß zu betreten. Sie bedrohen den Besitzer mit einem Messer und einem abgeschlagenen Bierglas.

Oktober 1988: In Hochheim am Main überfallen

Rechtsradikale während des Hessentags einen Kebapstand und schlagen den Besitzer krankenhausreif.

Dezember 1991: Zwei Tage vor Weihnachten wird die Fensterfront des Kebap-Hauses in Senftenberg (Niederlausitz) von Neonazis eingeschlagen. Im Februar 1992 werden Schüsse auf das Lokal abgegeben.

Juli 1992: Etwa zwanzig angetrunkene Männer umzingeln den Döner-Imbiß eines 27jährigen Türken in Berlin-Lichtenberg. Sie werfen Biergläser in den Wagen und zerstören die Regale.

September 1992: Innerhalb einer halben Stunde gehen in Berlin drei Döner-Stände in Flammen auf.

September 1994: In dem beschaulichen Städtchen Steinau (Main-Kinzig-Kreis) werfen drei Unbekannte Flaschen durch die Fenster eines Kebap-Lokals. Zudem wurde mit einer Schrotflinte ins Innere geschossen.

Im Osten hat der Dönerkebap für die jungen, wilden Rechten als Fokus ihrer antitürkischen und ausländerfeindlichen Emotionen allerdings ausgedient. Junge Facharbeiter, die sich noch vor vier, fünf Jahren volle Bauchlage voraus in die rechte Revolte schmissen, haben heute andere Sorgen. Als Bauarbeiter, Rohrleger, Installateure sanieren sie tatkräftig Ostberlin und andere Städte des Beitrittsgebiets. Frisch verheiratet warten zu Hause Frau und Kind darauf, daß sie brav ihren Monatslohn abliefern. Dönerphobie hin, Dönerphobie her – zwischen häuslichem Frühstück und Abendessen wurde der Dönerkebap zur kostengünstigsten Zwischenmahlzeit für die Malocher. Und noch einen Sinn macht der tägliche Besuch am Döner-Imbiß. Er ruft die politischen Jugendsünden ins Gedächtnis zurück, führt die veränderte Weltsicht vor Augen. Der Dönerkebap als politische Bildungs- und Erziehungsinstanz – was will man mehr?

Ruhe haben die türkischen Gewerbetreibenden trotz alledem nicht. An die Stelle neonazistischer Banden sind 1995 die Schlägertruppen und Brandstifter der PKK getreten.

Die Dönersteuer

Die Anti-Döner-Front bröckelt. Mit dem Rückzug der gewalttätigen und pöbelnden Schmuddelkinder war für die türkischen Gewerbetreibenden das Gröbste überstanden. So schien es, bis der CDU-Bundestagsabgeordnete Gottfried Haschke die Ärmel hochkrempelte. Von den völkischen Straßenbanden im Stich gelassen, erledigte er nun eigenhändig die Drecksarbeit. Am Rande der Vorstellung eines sächsischen Kochbuches forderte er im Januar 1994: Jedes ausländische Restaurant solle künftig dazu verpflichtet werden, mindestens ein deutsches Gericht anzubieten. »Man könne«, so Haschkes Plan, »alternativ auch eine Abgabe zur Wahl stellen.«

Gottfried Haschke ist kein Nobody und auch kein gelangweilter Bonner Hinterbänkler. Der Mann wußte genau, was er sagte. Im August 1990 übertrug DDR-Ministerpräsident Lothar de Maizière (CDU) Gottfried Haschke die Führung des Landwirtschaftsministeriums.[2] Nur knapp zwei Wochen später, Anfang September, erließ der amtierende Agrarminister den Landwirtschaftlichen Betriebsgenossenschaften (LPGs) der DDR Schulden in Höhe von 150 Millionen DM. Gleichzeitig hat sein Ministerium 22 Millionen DM zur Anschaffung moderner Molkereimaschinen bereitgestellt.[3] So weit, so gut. Aber wer kam in den Genuß dieser Maßnahmen?

Nach dem »Beitritt« wird der ehemalige Produktionsleiter der LPG im sächsischen Berthelshof parlamentarischer Staatssekretär in Bonn. Im Sommer 1991 besucht er mit seinem neuen Chef, Bundeskanzler Helmut Kohl, sein Heimatdorf. Die alten Genossen sind Haschke gegenüber reserviert. *taz*-Korrespondent Detlev Krell hält die Stimmung fest: »Was hat er denn geleistet? Immer nur zu seinem Vorteil!« schimpft eine Bäuerin, und ihr Mann ergänzt: »Mit dem Rückenwind aus Bonn mag's für die Haschkes gehen. Privilegierte gab's ja immer.«[4] Die Söhne des CDU-Politikers bewirtschaften drei neue Höfe. Die weniger protegierten Bauern im Dorf haben Absatzprobleme, und die Schulden drücken.

Ein Jahr später ist die Situation der ostdeutschen Landwirte trostlos. Massenarbeitslosigkeit (von ehemals 850 000 Beschäftigten in der ehemaligen DDR-Landwirtschaft sind nur noch 250 000 übriggeblieben, 160 000 sind arbeitslos gemeldet), drastische Absatzeinbrüche und unklare Eigentumsverhältnisse bestimmen das Bild.[5] Trotz aller Rationalisierungen sind die Produkte des Ostens kaum konkurrenzfähig. Zum Teil liegen die Erzeugerpreise für Getreide sowie für Schweine- und Rindfleisch bereits im Herbst 1992 über den Preisen im Westen. Wo der Markt hart zuschlägt, Subventionen und Förderungen nur wenigen Auserwählten zufließen, macht sich Unmut breit. Volksnahe Patentlösungen müssen her, will man für seine Klientel, die einem auch noch Vetternwirtschaft vorwirft, glaubwürdig bleiben.

Im Januar 1994 hat Gottfried Haschke mit der »Dönersteuer« endlich seinen Stein der Weisen gefunden. Gegenüber *Bild* erklärt er: »Ich bin, weiß Gott, nicht ausländerfeindlich, aber in vielen deutschen Städten beherrscht die ausländische Küche den Markt. Wir müssen etwas für die deutsche Küche tun. Die Importe aus der Dritten Welt müssen eingeschränkt werden.«[6] Was die Pizzerien, die Dönerstände und Asia-Imbisse mit diesen Importen und den Absatzschwierigkeiten der Ostbauern zu tun haben, bleibt Haschkes Geheimnis. Aber Ausländer ist Ausländer. Die Botschaft wird schon ankommen, wird sich Haschke gedacht haben, die Wut schon die Richtigen treffen. Bleibt zu hoffen, daß die gebeutelten sächsischen Bauern in der Türkei mehr Intelligenz und internationale Kooperationsbereitschaft vorfinden als bei ihrem Bonner Lobbyisten.

Am 15. Dezember 1995 schaltete das Land Sachsen (zur Wiedergutmachung?) folgende Anzeige in der *Zeit*:

Döner Kebap: 100% sächsisches Rindfleisch
»Die Türkei will noch in diesem Jahr 10000 Tonnen Rindfleisch aus Sachsen kaufen. Außerdem wird sich die sächsische Landmaschinenindustrie an der Privatisierung türkischer Staatsbetriebe beteiligen. Profitieren Sie von unseren Beziehungen zum Morgenland!«

1994 wurde die »Döner-Steuer« noch lächelnd als Spinnerei eines Kauzes abgetan. Sind Gottfried Haschkes Bündnispartner 1999 am Ziel?

Der letzte Döner

24. Februar 1999
Die Bundesregierung beschließt mit knapper Mehrheit der Koalitionspartner (CDU/CSU und Die Grünen) gegen die Stimmen der Opposition (SPD und PDS) ein generelles Verbot von Herstellung, Verkauf und Besitz von

Dönerkebap. Als offizielle Begründung dienen Gutachten über Geruchsbelästigung. In der Bevölkerung werden Gerüchte geschürt, der regelmäßige Genuß von Dönerkebap würde zu Abhängigkeit führen (»Döner-Sucht«).

Februar – Mai 1999
Die sogenannten Döner-Unruhen bringen erzürnte Deutsche und Türken, die die Abschaffung des Döner-Verbots fordern, zu Zehntausenden auf die Straße. Erst der Einsatz der Bundeswehr und des Bundesgrenzschutzes schafft Ruhe im Land. Die deutschen und türkischen Opfer der Revolte werden in Schweigemärschen und Menschenketten betrauert. Die Bundesregierung bleibt hart.

Juni 1999
Die Döner-Szene formiert sich. Bei einer Großrazzia in Berlin werden mehr als zwei Tonnen Döner und Rohmaterial sichergestellt. Hier gibt es auch das erste Döner-Speakeasy; Köln und Frankfurt am Main folgen.

Eine beispiellose Ausreisewelle setzt ein. Mehr als 30 000 Türken und türkischstämmige Deutsche verlassen bis zum Jahrtausendwechsel das Land.

Juni 2004
Die Bundesregierung beschließt aufgrund der immer wieder aufflackernden Unruhen und gewalttätigen Demonstrationen von noch in Deutschland lebenden Türken eine Reihe von Gesetzen, die zu einer weiteren Ausreisewelle führen: Studienverbot für Türken, Verbot der türkischen Sprache in der Öffentlichkeit.

ab 2005
Die Döner-Szene ist im Untergrund fest etabliert. Die Döner-Connection hat sich gebildet.

Was haben Haschkes Mitstreiter erreicht? Wie geht es weiter mit dem Döner in Deutschland? Wie ist es um die Lebensqualität bestellt? Auch darauf gibt die Autorin Gaby Sikorski in ihrem Stück *Der letzte Döner*[7], uraufgeführt von der Theatergruppe »Kulis«, Antworten:

»Berlin im Jahr 23 nach dem Döner-Verbot. Am Alex trifft sich der Abschaum: an ihrer Döner-Sucht gescheiterte Uni-Professoren, vom Döner-Turkey gezeichnete Intellektuelle, die nur noch für eines leben: ihren täglichen Döner, ganz egal, wie er aussieht. – Und sie schrecken nicht einmal davor zurück, ihren Körper zu verkaufen, nur um ihre verdammte Sucht zu befriedigen. Es sind bedauernswerte Gestalten!
1. Süchtiger: Ey, ey, Bonnie, komm schon, sei nicht so, bloß einen ganz kleinen...
Bonnie: Verpfeif dich, Prof. Unter 20 Klotz läuft nichts.
1. Süchtiger: Ich hab' bloß 15, gib mir einen für 15, ey, ohne Brot und Soße... ey, warte mal, Bonnie, ich zähl nochmal.
Bonnie: Mann, Prof, ich hab einen hier, sogar noch lauwarm. Für 20 Klotz. Und ich hab noch zehn andere, die drauf warten.
1. Süchtiger: Ey, Bonnie, du kannst mich haben. Hier sofort oder gleich, wie Du's brauchst. Gib ihn mir für 17,22. Mehr hab ich nicht. Und ich mach's dir wie damals in der guten, alten Zeit. Qualitätsarbeit! Langsam und schön!
Bonnie: Nee, nee, Prof, laß mal gut sein. Ich hab' keinen Bedarf an Körperarbeit. Hier, weil du es bist. Aber das

war das letzte Mal. Wenn du wiederkommst, will ich Patte sehen. – Los, gib schon her, was du hast. Und verzieh dich. Nächstes Mal kostet er 40!

Ein 2. Süchtiger, eine noch traurigere Gestalt, macht sich an Bonnie ran.

2. Süchtiger: Haste Döner? – Ich hab' 30 Klotz.

Bonnie: Mann, ich hab' nichts mehr. Hau ab! (zu ihrem Begleiter) Widerlich, der war mal CDU-Abgeordneter. Was die Sucht aus den Leuten macht! Zieh Leine!

2. Süchtiger: Komm, Bonnie, 'n kalten wirste noch haben!

Bonnie: Komm morgen wieder.

2. Süchtiger: Das wird Konsequenzen nach sich ziehen! Ich werde mich höheren Ortes beschweren!

Bonnie: Ja, ja, die alten Sprüche habt ihr noch drauf, aber für'n fettigen, kalten Döner ohne was würdest du vermutlich deine greise Großmutter verkaufen.

2. Süchtiger: Meine Oma ist noch sehr rüstig und steht selbstverständlich jederzeit zur Verfügung. Mit und ohne. Nur ein Döner!

Bonnie: Verziehst du dich freiwillig, oder muß ich erst böse werden?

2. Süchtiger: Oh ja! Werde böse, wenn es dir gefällt! Schlag mich, peitsch mich, nenn mich Tiger, aber mach mich fertig. – Kostet nur einen Döner!«

Der Detektiv Kazim erhält von einer dubiosen Kundin den Auftrag, das ultimative Döner-Rezept auf dem Schwarzmarkt zu besorgen. Sie entpuppt sich als Geheimagentin im Dienst der Bundesregierung, die den lukrativen Schwarzmarkt kontrollieren und abkassieren möchte, nachdem sie einsieht, daß gegen die Dönersucht kein Kraut gewachsen ist.

»*Kazim*: Wer war es denn, der das Suchtmittel nach Deutschland gebracht hat? Wer hat denn ganz Deutschland mit Dönerbuden überzogen, so daß schon Kinder und Jugendliche für ein paar Mark in den Besitz einer Rauschdroge kommen konnten, die sie empfänglich machte für unsere Kultur? Und dafür hatten wir einen kräftigen Dämpfer verdient, nicht wahr? Erst hat man versucht, uns mit Geld dazu zu bringen, in unsere Heimat zurückzukehren, dann kam das Döner-Verbot, und schließlich zur endgültigen Abschreckung die Einschränkungen und Gesetze, die dazu führten, daß in Deutschland die türkische Kultur beinahe verschwunden ist. Aber Sie und ihre Kumpane haben sich verkalkuliert.«

Warum? Privatdetektiv Kazim weiß die Antwort: »Was ist eine Frau gegen einen schönen, saftigen Döner mit Spezialsoße und scharf?«

»Die gehen in ihrer blöden heimat in feinfesche lokale, zum spanier, zum portugiesen, zum chinesen, zum mulatten, und auch zu uns, und lassen sich einen salatnassen döner in alu wickeln. Und wo ist denn ihr eigener folklorefraß? Das heißt denn gutbürgerliche küche, und meist würgt man da an nem stück ferkel und schiebt rotkohl nach.«
Hakan, 22, KFZ-Geselle, in:
Feridun Zaimoğlu, Kanak Sprak (1995)

Unterwegs in der Dönerrepublik

Ein Lob den Münchner Türken. Im Megadorf des Voralpenlandes ist Qualität Trumpf. Ein »Reinheitsgebot« zum Schutz der Einheimischen vor wüsten Ke-Papp-Mixturen war hier nicht notwendig. Nie kommt der Müßiggänger bei seinen Streifzügen durch die Dönerhochburgen im Westend, rund um die Schwanthalerstraße und das Bahnhofsviertel in die Verlegenheit, auf einen der in Berlin und Ostdeutschland dominierenden Billigdöner zurückzugreifen. Sorgfältig und kunstvoll geschichteter Yaprakdöner (in der Regel aus Kalbfleisch) wird in überdimensionierten Hamburgerbrötchen serviert.

Gyros als Geburtshelfer

Sind die entwickelteren Geschmacksnerven der Münchner die Ursache für die zivilisiertere Dönerszene? Oder ist die türkisch-griechische Konkurrenz für die anatolische Wertarbeit verantwortlich? Die türkischen Gastronomen mußten in der Tat etwas bieten, wollten sie die Nachbarn vom Peloponnes auf Dauer auf die hinteren Ränge verweisen. Denn bis in die zweite Hälfte der siebziger Jahre dominierten an der Isar die griechischen Migranten den Fast-food-Markt. Sie, und nicht die Türken, bereiteten die wertkonservativen Bayern auf den Drehbraten vor.

Die Gerechtigkeit erfordert, daß wir an dieser Stelle der Berliner Dönerindustrie reinen Wein einschenken. So nachvollziehbar die Einwände des Dönerhistorikers Rennan Yaman gegen den Gyros auch sind (S. 30), in Deutschland kam der Gyros vor dem Döner an. Dieses Eingeständnis mag traditionsbewußte Türken kränken, aber bevor die türkischen Migranten auf den Döner kamen, waren junge, weltoffene Berliner bereits treue Fans der Variante aus Schweinefleisch. Im Mai 1969 eröffnete am Kurfürstendamm der legendäre *Athener Grill* seine Pforten. Generationen von Studenten pilgerten in das Schnellrestaurant, um in langen Warteschlangen den beiden Spießen ihre Verehrung und Verzückung zu zollen. Die extrem knoblauchhaltige Soße, das kleine Pide waren ein Geheimtip. Ihr Ruf reichte bis weit in die westdeutsche Provinz. In den letzten Jahren wurde es still um den Gyros-Tempel. Um so erschreckender die Meldung im September 1995: »Aufgrund angeblicher Steuerschulden von 3,7 Millionen Mark beschlagnahmte die Finanzbehörde das Mobiliar des Athener Grill.« In Vergessenheit geraten ist auch, daß an Straßenecken in Wilmersdorf und Steglitz Griechen schon Jahre, bevor die Türken mit ihrem Döner den Sprung aus ihrem Kreuzberger und Schöneberger Getto wagten, Gyros feilboten. Nicht zuletzt die Militärdiktatur (1967-1973) in Griecheland begün-

stigte den frühen Erfolg des Gyros in Deutschland. Obrist Papadopoulos hinderte viele Gastarbeiter an der Rückkehr, und politische Emigranten suchten nach Überlebensmöglichkeiten.

Die Ausrüster der Imbißbetriebe würdigen in ihren Werbebroschüren die (griechischen) Pioniere des Drehbratens. So werden die »Döner-Grillgeräte« und »Dönerschaufeln« bis heute, obgleich die griechische Variante gegenüber dem Döner inzwischen ein Schattendasein fristet, als »Gyros-Grillgeräte« und »Gyros-Zubehör« angeboten. Die Firma »Neumärker« wirbt mit folgendem Text für ihre schwenkbaren Ceranheizkörper: »Gyrosfleisch vom Gyrosgrill – eine unverkennbare Spezialität aus dem Balkan und Nahost. Die krosse Bräunung, die durch die Intensivhitze der Elektro- oder auch Gasstrahler am gedrehten Fleischspieß entsteht, entwickelt an dem saftigen, reichlich gewürzten Fleisch eine besondere Geschmacklichkeit, die im Fast food heute nicht mehr wegzudenken ist.« Kein Wort vom Döner. Die Firma

»Brigitte Kaiser« bietet ihre Gyros-Grillgeräte als *auch* geeignet zum Grillen für »Döner, Kebab und Shoarma« an. Die Ausrüster »Bartscher« und »Potis«, deren Geräte in vielen Dönerbuden stehen, verzichten ganz auf den Hinweis der Brauchbarkeit für die Varianten des Gyros.

Gegen Ende der siebziger Jahre verschoben sich im Münchner Westend die Kräfteverhältnisse. Nun eröffneten türkische Arbeitsmigranten im wichtigsten Einwandererviertel der Stadt ein Geschäft nach dem anderen. Auch hier waren – wie in Berlin – die Folgen der Familienzusammenführung, Veränderungen beim Aufenthaltsrecht und die wirtschaftliche Misere ausschlaggebend.

Urlaub im bayrischen Anatolien

Die Goethestraße, unweit des Hauptbahnhofs, ist für jeden Dönerjunkie ein Muß. Wer sich einen kostengünstigen Urlaub auf Zeit gönnen möchte, dem sei das *Hacı Baba* wärmstens ans Herz gelegt. Für deutlich unter zehn Mark kann er in eine fremde Welt eintauchen. Hier kann er all den aufgedrehten Menschen entfliehen, die sich in München wie sonst nirgends in Deutschland viel, viel Mühe geben, um jeden Preis »gut drauf zu sein«. Das *Hacı Baba* erfüllt alle Erwartungen eines türkischen Freilichtmuseums. Es ist die originaltreue Kopie jener Restaurants, an denen die Überlandbusse in der Türkei einen Stopp einlegen. Innerhalb einer halben Stunde können mühelos fünfzig Reisende abgespeist werden. Links erstreckt sich eine langgezogene Glastheke, in der die verschiedenen Tagesgerichte im dampfenden Warmwasserbad auf hungrige Kundschaft warten. Die vielen Stammgäste garantieren, daß hier nichts »anbrennt«.

Im *Hacı Baba* werden keinerlei Zugeständnisse an bayrische Vorlieben gemacht. Die Holzpanele sind bis zur Konsole in einem hellen Braun gehalten, darüber schließt sich ein helles Gelb an. Lithographien mit Motiven aus osmanischer Zeit schmücken die Wände, dazwischen kleine Werbebroschüren der türkischen Armee. Kupferteller, über denen ein mächtiger Krummsäbel prangt, erinnern an den Befreiungskrieg. Natürlich fehlen auch im *Hacı Baba* jene drei Accessoires nicht, ohne die kein volksnahes, türkisches Lokal auskommt: ein ausladender Deckenventilator, ein Fernseher plus Videorecorder und die drei für einen Gastraum erlaubten Geldspielautomaten.

Links vom Eingang thront auf erhöhtem Sitz der Kassierer an einem Pult. Rechts ist das etwa fünf Quadratmeter große Glaskabuff des Kebabçı, umrankt von Plastikblumen. Ein dreißig Kilogramm schwerer Yaprakdöner dreht seine Runden. Qualität: gehobener Durchschnitt. Die Fleischschnetzel erfahren hier das seltene Glück, von einem frisch gebackenen, kleinen Pide ummantelt zu werden. Dazu gibt es, wie üblich in München, mit Petersilie vermischte Zwiebeln, Tomaten und auf Wunsch Joghurtsoße und ein wenig Acık Biber.

Das kühle Licht der Neonleuchten unterstreicht den Charme der Resopaltische und Chromstühle. Es läßt bei den Nachtschwärmern aus den nahegelegenen Nachtklubs, Puffs und Bars keine Illusionen über den Grad ihrer augenblicklichen Attraktivität aufkommen. Das hart ausgeleuchtete Konterfei in den verspiegelten Säulen signalisiert: »Hier, Mann, bist du ganz du selbst.«

Der Kurzurlaub im *Hacı Baba* neigt sich seinem Ende

zu, sobald der Blick an Drehspieß und Kassierer vorbeischweift und an der flimmernden, zuckenden Leuchtreklame des gegenüberliegenden »Sexyland« hängenbleibt. Eine Neonpalme wirbt für eine Oase der Lüste, der Reisende ist wieder mitten in Deutschland angekommen. Was hat der Dönerkebap mit der Sexindustrie zu tun? Ob in Hamburg, Frankfurt oder Köln, stets findet sich in unmittelbarer Nachbarschaft zu Sexshops, Peepshows und Bordellen die größte Dichte von Dönerimbissen.

Das *Hacı Baba* hat sich seine orientalische Authentizität bewahrt. Ausnahmslos Männer belagern die Tische. Die unausweichliche Folge: *Hacı Baba* ist kein Ort fröhlicher Ausgelassenheit, sondern einer der Sentimentalität und Melancholie, ein Schnittpunkt, an dem sich die Sehnsucht nach der verlorenen Heimat und die Halbwelt des Bahnhofsviertels kreuzen. Es hat etwas von der Ernsthaftigkeit und beinahe schon sinistren Atmosphäre der Istanbuler Arbeiterlokale im feuchten Spätherbst: etwas klamm und kühl.

Gebremste Gastlichkeit

Ein Phänomen gibt Rätsel auf. Den Türken eilt bekanntlich der Ruf voraus, zu einer der gastfreundlicheren Populationen des Erdenrunds zu gehören. Leider ist in den von ihnen betriebenen Lokalitäten nicht allzu viel davon zu spüren. Nur ein Bruchteil der von mir landesweit besuchten Grill-Lokale, Imbißstuben, ja selbst Restaurants luden zum längeren Verweilen ein. Die Döner-Imbiß-Buden, nicht selten in mobilen Containern untergebracht, erinnern mit ihrem morbiden Charme an deutsche Verkaufsstände. Schnelle Abfertigung der Kundschaft lautet hier die oberste Gewinndevise. So weit, so gut. Das muß in diesem Gewerbe wohl so sein.

Anders sieht es allerdings bei den Imbißstuben mit Sitzgelegenheiten aus. Viele entsprechen der Ausstattung der Kebapstuben im Münchner Westend: zwei, drei Spielautomaten, ein Bild von Atatürk, dem Gründer der modernen Türkei, an der Wand, Fotos von Fußballklubs. Der Bekenntniszwang deutscher Rechter, Linker und Christen am Fast-food-Napf hat in diesen Örtlichkeiten sein türkisches Äquivalent. Demonstrativ wird mit der Innendekoration – Koransuren, osmanische Motive, ein billiger Kitschteppich mit Mekka-Motiv, Moscheeabbildungen usw. – auf die konfessionelle oder weltanschauliche Orientierung des Eigentümers hingewiesen. Die Kompromißlosigkeit in der Abgrenzung zum Rest der Welt ist um so erstaunlicher, als selbst in Lokalen der Einwandererviertel annähernd 90 Prozent der Kunden Nichttürken – Deutsche, Jugoslawen, Polen, Rumänen, Griechen – sind.

Von der Ungezwungenheit italienischer Pizzerien, der Gastlichkeit griechischer Tavernen oder der zurückhaltenden, diskreten Höflichkeit chinesischer Restaurants ist wenig zu spüren. Es bleibt der Eindruck, daß Nichttürken zwar als Take-away-Kunden, nicht aber als »Dauergäste« herzlich willkommen sind, mit denen man länger als die sechzig Sekunden der Dönerzubereitung Auge in Auge zu tun haben möchte. Ist es die Angst, sich allzu sehr mit den Fremden einzulassen? Ist es die Sorge um die Preisgabe türkischen Territoriums?

Natürlich gibt es auch in München Örtlichkeiten, die neutraler gestylt sind, sich in der Innendekoration mit Landschaftsfotos aus der Türkei begnügen, oder sich wie der *Döner Burger* in der Bayerstraße ganz international als »American Bar« ausgeben. Das heißt in diesem Fall: Neben der türkischen Flagge, die selten fehlt, ist über dem Eingang etwas kleiner (um die Rangordnung nicht zu durchbrechen?) eine Leiste mit den Flaggen der USA, Japans, Italiens, Frankreichs, Österreichs und anderer Länder angebracht. Aber auch hier gelingt der Brückenschlag zur Restgesellschaft nur bescheiden.

Das mag mit ein Grund sein, weshalb der Dönerkebap selbst im reichen und kosmopolitischen Frankfurt in den letzten Jahren in der Publikumsgunst erhebliche Einbußen zu verzeichnen hatte. Zwar hat sich die Qualität der angebotenen Döner verbessert, und das Ambiente der drei Döner-Stuben in der Schäferstraße zum Beispiel ist weit ansprechender als so manche Berliner Schmuddelecke, aber im Vergleich zu den wie Pilze aus dem Boden sprießenden Sushi-Bars, qualitativ hochwertigen Öko-Schnellrestaurants und italienischen Schlemmerecken wirken sie recht hausbacken.

Auch in Westberlin ist die Trendwende eingeleitet. In der traditionellen Multikulti-Gemeinde verliert der Döner seit Ende der achtziger Jahre kontinuierlich Marktanteile. Just die bunt-alternative Szene, die dem Döner in den innerstädtischen Bezirken in den frühen Achtzigern zum Durchbruch verhalf, ist umgestiegen. Angesagt sind heute die rund zwei Dutzend Falafel-Läden der Stadt. Die braun-grünen, in heißem Fett fritierten Kichererbsenbällchen, von palästinensischen Gastarbeitern in den Irak gebracht und von dort nach Berlin importiert, sind der »Döner« der Zukunft.

Die Falafel-Schnellrestaurants werden in der Regel von Einwanderern aus dem Irak und Jordanien betrieben. Hier werden die Gäste nicht nur mit einem konkurrenzlos billigen Produkt abgespeist. Obendrein werden auch ernährungswissenschaftliche und vor allem ästhetische Bedürfnisse befriedigt. Der Verzicht auf nationale und religiöse Symbolik wird honoriert. Die liebevolle Ausgestaltung der Imbißräume mit Terrakottavasen, kunstvollen Kalligraphien und phantasievollen »orientalischen« Wandmalereien vermittelt: Der Mensch lebt nicht nur von Brot und Fleisch allein. Hauptattraktion bleiben natürlich die angebotenen Snacks. Kichererbsenbällchen mit Salat und Sesamsoße für Ernährungsbewußte; ein selbstgebauter Schawarma (die arabische Variante des Döner) aus Kalbfleischscheiben, die zunächst einen Tag lang in eine Würz- und Joghurtmarinade eingelegt wurden, für die Geschmäcklerischen, und für die Fit-for-Life-Fraktion frischgepreßter Orangen- und Karottensaft. Hier, nicht an den Dönerbuden, stehen die Yuppies, alternativen Sozialhilfeempfänger, Bohemiens und Jobber heute geduldig zehn, fünfzehn Minuten an. Eine Musikauswahl, die nicht nur die Hörgewohnheiten und Vorlieben des Kebapçı befriedigt, verkürzt das Warten und entspannt gestreßte Großstadtnerven: klassische Musik aus dem Iran, Lautenspieler aus dem Irak oder Popmusik aus Algerien. Sensationell: Die eine Mark mehr, die hier in der Regel für das Schnellgericht abverlangt wird, wandert selbst in Kreuzberg, dem Stadtteil des Geizes und der Pfennigfuchser, ohne Murren über den Tresen.

Zurück nach München. Rund 150 Dönerstände gibt es heute in der Stadt. Aber eine Berlin vergleichbare Position wird der Döner hier nie erreichen. Warum? Obgleich der Döner in München mit sechs Mark zu einem »fairen« Preis angeboten wird, ist er angesichts des gebotenen Service bei gleichzeitiger kulinarischer Vielfalt einfach zu teuer. Einen Katzensprung vom Viktualienmarkt, in unmittelbarer Nachbarschaft zu den vielen Schlemmerecken des Platzes, fristet der *Döner am Markt* ein Schattendasein. Von traditionellem deutschem Fast food – Nürnberger Bratwürstel (3,60), Reiber-Datschi mit Beilage (4,50), Pichelsteiner (6,90), 2 Pferdeknacker (3,40), 2 Stück Weißwürstel mit Semmel (5,50), Fleischplanzerl (2,80), eine Portion Fleischkäse im Brötchen (3,50) – wird der Döner in die Bedeutungslosigkeit abgedrängt. Auch die Fischbrötchen für drei Mark, sowie Baguettebrötchen, dick mit norwegischem Lachs belegt, erleichtern die Entscheidung gegen den Döner.

Hamburg

Bahrenfelder Straße. Nach langen und ermüdenden Erkundungen durch den Döner-Kosmos der Hansestadt mit seinen rund 400 Dönerständen, strande ich im *Deniz Grill*. Das Interieur unterscheidet sich nur in Nuancen von den Restaurants und Imbißstuben der zurückliegenden Teststrecke. Resopaltische, Hydrokulturen, ergänzt durch bunte Kunstblumen, schaffen Atmosphäre. Im *Deniz Grill* wird mit offenen Karten gespielt. Hinter der Glasvitrine werden für den Unkundigen Izgara Köfte, Adana Kebap, Iskender Kebap und Çöp Şiş ausgestellt. Damit auch mißtrauische Kunden begreifen, was sie für ihr Geld bekommen, sind an der Stirnseite beleuchtete Fotos des Speiseangebotes inklusive Preise angebracht. Gegen 16 Uhr findet sich die Altonaer Mischung, buntes Alternativvolk und türkische Landsleute, zum Mittagsmahl ein.

Hamburg erfordert mehr Gespür für gute Dönerqualität als München. Zu unterschiedlich ist hier das Angebot. Eine Warnung an alle Ortsunkundigen, die mit durchhängendem Magen am S-Bahnhof Schanzenstraße aussteigen: Machen Sie einen Bogen um *Keb'up*. Hier wird mit Discountpreisen (Mini Döner 2,50, Döner 4,–) geworben und unterstes Berliner Niveau geboten. Für die am Bahnhof herumlungernden, bedauernswerten Junkies und Säufer mag dies eine kostengünstige Überlebenshilfe sein. Wenn es Ihre Finanzen erlauben, sollten Sie an diesem unwirtlichen Ort vorbeieilen in die nahegelegene Susannenstraße. Hier drehen sich bei *Bolkepçe*, im *Pamukkale*, *Lokma* und *Morey* ansehnliche und schmackhafte Prachtexemplare von Yaprakdöner. Empfehlenswert ist auch die angebotene Qualität in den Stuben rund um den Steindamm, nahe des Hauptbahnhofs.

Ein miesere Dönerwelt präsentiert sich dem Besucher rund um die Reeperbahn. Zwischen den Bordellen und Absteigen dominiert der billige Hackdöner. Ebenfalls sehr durchwachsen präsentiert sich das Döneruniversum in Altona. Was sich im Umfeld der Bahrenfelder Straße auf den Spießen dreht, gehört nicht unbedingt zur ultimativen Krönung der Kebapkultur. Im *Gültekin Grill* wird im Dezember '95 ein Yaprakdöner angeboten, der einem abgerissenen Gyros alle Ehre machen würde: hastig aufeinandergetürmte, handdicke Fleischscheiben, durchsetzt mit schwitzenden Fettlagen.

Nach Auskunft Özdemir Cınars, der den *Deniz Grill* betreibt, befindet sich die Qualität der Hamburger Dönerszene bedauerlicherweise auf dem absteigenden Ast. Zu seinem Leidwesen mußte er von Yaprakdöner auf eine Hackmischung umstellen. Der Grund: »Die Hamburger wollen Hack, weil sie da das Fett nicht sehen.«

Frankfurt

Gern hätte ich dem Leser mehr Informationen zu Frankfurt am Main geboten. Leider erlag ich hier den Verlokkungen der Apfelweinkneipen rund um die Textorstraße. Die herzhaft duftende, deftig schmeckende Hausmannskost (Tafelspitz, Rippchen mit Sauerkraut, Gänsebraten, gegrilltes Spanferkel) aktivierte altfränkische Reflexe und schränkte den Blickwinkel ein. Mir als Wahlberliner, der zwischen den (Küchen-)Kulturen lebt und zu Tisch selten die Gelegenheit hat, aus dem vollen seiner Kindheitserinnerungen zu schöpfen, werden die geneigten Leser diese Disziplinlosigkeit verzeihen. Mit gutem Gewissen kann ich dennoch versichern, daß der Döner-Markt nicht zuletzt dank der pädagogischen Arbeit der Kardeşler (S. 90ff.) in guten Händen ist.

Döner-Provinzen

Köln, Stuttgart, Nürnberg, Bremen, das Ruhrgebiet – vieles gäbe es aus den großstädtischen Winkeln der Dönerrepublik noch zu berichten. Die Dönerfans aus den vernachlässigten Großstädten werden Verständnis aufbringen, ebenso die Leser aus dem Osten, wenn wir uns abschließend den kleineren Städten und der westdeutschen Provinz zuwenden. Denn vor allem hier hat sich in den letzten Jahren fast unbemerkt neues Dönerleben entfaltet. Nachdem die Einwandererstädte Ende der siebziger Jahre, die Universitätsstädte in der ersten Hälfte der achtziger Jahre dönermäßig erschlossen waren und der Osten 1990/91 im Sturm genommen wurde, öffneten sich auch die westdeutschen Provinzen Anfang der Neunziger dem Döner.

Merkwürdig: Während sich die Anti-Ausländerstimmung in den Jahren zwischen 1989 und 1993 unaufhaltsam hochschaukelte, der demokratische Grundkonsens ernsthaft in Gefahr war, rollte eine beispiellose Welle von Döner-Imbiß-Neugründungen über das Land. Niemals zuvor wurden innerhalb eines Zeitraums von fünf Jahren so viele Dönerstuben eröffnet wie in den Jahren enthemmter, rassistischer Straßengewalt. Und wahrscheinlich werden es auch in Zukunft niemals mehr so viele sein. Für jeden der in diesem Zeitraum verübten rund 3000 Brandanschläge wurde das Angebot um einen Dönergrill erweitert. War dies unbewußter Widerstand der angegriffenen und diffamierten türkischen Community? Oder war die Entwicklung in den ersten Hälfte der neunziger Jahre widersprüchlicher, als es der rasende deutsche Mob und die öffentliche Rhetorik vordergründig nahelegten? Sollte es wirklich so sein, daß der lange, lange schweigende Bundesbürger vor der Imbißbude sein stillschweigendes Bekenntnis zur Einwanderungsgesellschaft ablegte? Hand in Hand mit den Imbißbetreibern, die ihrerseits signalisierten: »Wir bleiben! Und kochen«? Vielen mag diese Erklärung zu banal erscheinen, zu trivial, zu sehr an den Haaren herbeigezogen. Aber das Döner-Geschäft funktioniert nur, wenn Anbieter und Konsumenten zusammenkommen.

Würzburg: Lange hat die Bischofsstadt, bekannt für Wein, Zwiebelkuchen und geräucherte fränkische Würste, dem Türkenschmaus widerstanden. 1989 war es endlich soweit. In der Semmelstraße eröffnete das *Topkapı* und war sofort ein gut besuchter »Geheimtip«. Der achtzehnjährige Yılmaz Alpaslan, der im *Anadolu Imbiß* in der Nürnberger Straße arbeitet: »Wenn wir früher unterwegs waren, blieb nach Mitternacht nur noch McDonald's für ein schnelles Essen. Ehe man sich versah, hatte man zehn Mark ausgegeben und war danach noch hungrig.« Die Not hat ein Ende. Fünfzehn Dönerverkaufsstände versorgen die 130 000 Bewohner Würzburgs täglich mit rund 5000 Dönerkebaps. Beliebteste Anlaufstelle ist das *Schlemmereck* auf der Juliuspromenade, das täglich rund 600 Döner verkauft. Zwei Drittel der in der Stadt konsumierten Döner werden von der Frankfurter »Kardeşler-Produktion« geliefert. Der Preis für einen Döner beträgt in der Stadt durchschnittlich DM 5,50.

Rothenburg ob der Tauber: 1945 verzichtete die US-Armee auf die Bombardierung der alten Reichsstadt. Das Touristenstädtchen im Vorland der Frankenhöhe, nun weltweit bekannt für den guten Zustand seiner mittelalterlichen Bauten und den ganzjährig geöffneten Weihnachtsmarkt, kann seinen japanischen und US-amerikanischen Touristen seit 1993 neben Bratwürsten mit Sauerkraut auch die türkische Spezialität anbieten. Und vor allem sie zählen zu den Kunden. Doch die Nachfrage ist bescheiden. Lediglich ein Zehn-Kilo-Spießchen setzt Herr Büyükcetin täglich ab.

Crailsheim: Zu einer an der Romantischen Straße gelegen Döner-Hochburg hat sich die 30 000-Einwohner-Stadt seit der Eröffnung der ersten Bude im Jahr 1990 entwickelt. Acht Dönerverkaufsstände konkurrieren um Kundschaft mit Preisen zwischen DM 4,50 und DM 5,50. Im *Antalya Kebap* trifft man unter Garantie auf multikulturelles Flair: Hier zählen vor allem Rumänen, Polen und Russen zur Kundschaft.

Passau: Die erzkonservative Bischofsstadt an der Donau, die sich bekanntlich mit ihrer nationalsozialistischen Vergangenheit äußerst schwer tut, öffnete sich erst spät türkischen Einflüssen. »Als wir 1992 den ersten Dönerstand in der Stadt eröffneten, waren die Einheimischen sehr zurückhaltend«, berichtet die frühere Büroangestellte Sandra Öztürk. Heute haben die 50 000 Einwohner die Auswahl zwischen neun Verkaufsstellen. »Anfänglich waren es vor allem die Studenten aus Norddeutschland, die zu uns kamen. Jetzt zählen immer mehr alte Passauer zu unseren Kunden.« Nach einem Döner aus Kalb- oder Rindfleisch mußte man in Passau im Herbst 1995 allerdings lange suchen. Die Angst vor dem Rinderwahnsinn steckt den Passauern offensichtlich stärker in den Gliedern als in anderen Regionen. Rund 50 Kilogramm Truthahn-Döner verkauft Sandra Öztürk im *Kebap Grill* in der Nibelungenpassage täglich.

Bevor die Familie Öztürk den Passauern den Döner brachte, schloß sie 1990 das bayerische **Deggendorf** an den multikulturellen Zeitgeist an. »Im Jahr 2000 wird die Stadt für uns wieder interessant. Zu diesem Zeitpunkt soll die Uni mit 10 000 Studenten eröffnet werden.« Dann, so ist Sandra Öztürk überzeugt, werden die fünf Kebap-Buden Deggendorfs die steigende Nachfrage nicht mehr decken können. Überhaupt scheinen im Westen der Republik vor allem die Studenten für die Verbreitung des Dönerkebap verantwortlich zu sein.

Tübingen: Im einstigen Zentrum des Humanismus und der Reformation wird fünfhundert Jahre nach Gründung der Eberhard-Karls-Universität 1987 die erste Bude eröffnet. Studentisches Alltagsleben ist ohne Dönerkebap nicht mehr denkbar. »Sie gehören zu meinen besten Kunden«, versichert der Kebapçı Ünal, der am Lustnauer Tor den *Saray Döner Kebap* betreibt und neben dem Döner vor allem vegetarische Kost anbietet. Die 75 000 Einwohner der Stadt können unter zwölf Verkaufsstellen wählen. Für rund fünf Mark wird hier der Döner kalkuliert.

Freiburg im Breisgau: Etwas früher, Mitte der achtziger Jahre, fand in der ebenfalls altehrwürdigen Universitätsstadt die Revolutionierung der Eßkultur statt. Nach Schätzung Zafer Önars, Betreiber des *Izmir Döner Kebap* in der Schwarzwaldstraße, bieten heute siebzehn Verkaufsstände Döner für Preise zwischen DM 5 und 7,50 an. Die Fladenbrote beziehen sie in der Regel aus der einzigen türkischen Bäckerei vor Ort, der *Özgan-Bäkkerei*. Auch im *Izmir Döner Kebap* läuft das Geschäft. »Zwei Spieße mit jeweils 20 Kilogramm gehen bei mir am Tag weg.« Auch hier, wie in so vielen Städten Süddeutschlands, stammt der Kalbfleisch-Spieß aus der Frankfurter Firma »Kardeşler«. Zwei Trends beobachtet Zafer Önar in jüngster Zeit: »Immer mehr Alte legen ihre Skepsis ab und werden zu Stammkunden. Und die Nachfrage nach vegetarischen Kebaps wird immer größer.«

Eine Sensation hat Freiburg zu bieten. Im *Sultan-Imbiß* dreht sich einer der gewaltigsten Spieße der Republik. 180 Kilo soll er wiegen.

Wir verlassen den Süden via E 4 Richtung Norden, passieren **Offenburg, Rastatt** und wechseln vor **Walldorf** auf die A 61. Linker Hand lassen wir **Ludwigshafen** und **Worms** liegen, immer in dem Wissen, daß auch hier die Einheimischen nicht mehr auf ihren Döner verzichten müssen. Unser Ziel ist der hohe Norden, genauer Ostfriesland. **Köln — Wuppertal — Hagen — Dortmund** ist Dönerland. Wir machen einen kurzen Abstecher ins Sauerland.

Meschede, die Kreisstadt an der oberen Ruhr, 30 000-Einwohner-Metropole des Hochsauerlandes, die neben einem Stausee auch Fachbereiche der Gesamthochschule Paderborn beheimatet, verfügt über zwei Gelegenheiten zum Dönerkauf. Im *Karadeniz Grill* in der Zeughausstraße trifft sich die Welt: Albaner, Türken, Bosnier und natürlich vorwiegend Deutsche zählt Fatma Catık zu ihrer Kundschaft. 1990 wurde der Laden eröffnet. Während des Sommers beleben vor allem holländische Touristen das Geschäft. Ihnen wird im *Karadeniz* keine Massenware geboten, sondern ein vom hauseigenen Kebapçı geschichteter Yaprakdöner für 6 DM die Portion.

Zurück auf die Autobahn und schnell das östliche Ruhrgebiet passiert. Kurz hinter **Münster** verlassen wir die Autobahn, durchqueren **Rheine, Lingen, Meppen, Papenburg** und **Leer**, um endlich im geliebten Ostfriesland anzukommen. Kulturkreise, Kulturlandschaften und ein gutes Dutzend Dialekte der deutschen Sprache liegen zwischen Freiburg und unserem vorläufigen Ziel. Dönerstationen bieten deutschlandweite Kontinuität.

Aurich: Vor drei Jahren kam Adıl Disli in die rund achthundert Jahre alte Stadt, in der das Häuptlingsgeschlecht tom Brok 1380 eine Burg errichtete, und eröffnete in der Wiesenstraße den *Bosporus Kebap*. Ob es nun an den Pferde- und Rindviehmärkten liegt, an den Zucht- und Nutzviehauktionen oder an der Verschlossenheit der Ostfriesen, auf jeden Fall zählt Aurich mit zwei Dönerverkaufsstellen bei rund 35 000 Einwohnern zum Döner-Entwicklungsland. Anstatt wie im Bundesdurchschnitt auf 8000 Einwohner, kommt hier auf gut 17 000 Einwohner ein Dönerstand.

Vergleichbares gilt für **Jever:** Die Stadt ist dem Guttemplerorden vor allem durch ihr kalorienarmes und alkoholfreies Bier »Jever Fun« bekannt und dem Dönerfan durch die traurige Tatsache, daß ein einziger Dönerstand keine Wahl erlaubt.

Von Ostfriesland in den Nordwesten Schleswig-Holsteins.

Kappeln: 1990 erreichte der Siegeszug des Dönerkebap das Städtchen am Westufer der Schlei. Dienstältester Dönerverkäufer ist Ghulam Ahmed aus Pakistan, der seit 1991 den *Orient Grill* betreibt und neben indischen Gerichten Dönerkebap aus Kieler Produktion zu sechs Mark die Portion anbietet. Aus einer Hamburger Dönerfabrik bedient sich dagegen sein »Konkurrent« Hıtır Önal. 1993 kam er aus der nahen Bettenburg Damp 2000, wo er jahrelang als angestellter Kebapçı vor dem Grill stand, ehe er den *Döner-Treff* in der Jöns-Hof-Passage eröffnete. Während der Sommersaison bringt er täglich zehn bis fünfzehn Kilogramm Döner an den Kunden, im Winter gerade mal die Hälfte. Seine Rinder-Lamm-Mischung kostet sechs Mark, als »Kinderportion« vier Mark das Sandwich.

Von Kappeln aus führt die Reise durch die landschaftlich äußerst reizvolle Holsteinische Schweiz wieder gen Süden. Ein kurzer Stopp in **Plön:** Das Städtchen fällt aus dem üblichen provinziellen Rahmen. Bereits in der ersten Hälfte der achtziger Jahre eröffnete hier für Freunde des verwegenen Geschmacks der *Knobi-Treff.*

Via Lübeck, Mölln und Lüneburg landen wir mitten in der Heide – in **Uelzen:** Was tun in einer Stadt, in der der Hafen am Elbe-Seitenkanal liegt? Ausflüge in die Heide bieten sich an, oder die Einkehr in einem der vier Dönerbuden der Stadt. Von Heimweh geplagte Berliner finden im *Imbiß Sultan* Trost bei ihrem Landsmann Mustafa Yıldız aus Rudow. Siebzehn Jahre lebte Mustafa Yıldız in

Berlin, ehe er die Heidestadt 1991 missionierte. »Das Geschäft lief damals nur mittelmäßig. Die Leute hier sind zwar nett, sie kannten aber den Döner nicht und waren deshalb zurückhaltend. Inzwischen hat er einen feste Fangemeinde – Deutsche im Alter zwischen 15 und 50.« Im *Sultan Imbiß* werden Currywürste, Bratwürste und Schaschlik feilgeboten. Uneingeschränkter Renner ist und bleibt der Döner – trotz der die Heide durchdringenden Aura von Hermann Löns. Die Uelzener Döneranbieter beziehen ihre Spieße allesamt aus der gleichen Berliner Großproduktion. Das verbindet und ordnet den Markt. Fünffünfzig kostet der Döner. Dumpingpreise wie in Berlin sind in Uelzen nicht zu befürchten. Mustafa Yıldız: »Wir verstehen uns alle recht gut.«

Dieser kleine Streifzug durch die Dönerrepublik mag genügen. Ob **Itzehoe, Völklingen, Idar-Oberstein, Bad Oeynhausen** an der Porta Westfalica, **Bad Bückenau** in der Rhön oder **Selb** nahe der tschechischen Grenze, wohin sich der Reisende auch wendet, der Döner ist allhier. Das Werk ist vollbracht. Der Döner ist über die Deutschen gekommen.

»Ach, die guten alten Zeiten... Ich habe mich festlich angezogen, um mit meinem Vater bei Onkel Celal in seinem Spezialdönerladen 150 Gramm mit nur Zwiebeln essen zu gehen. Das war herrlich. Seitdem esse ich jeden Tag mindestens vier Döner im Brot. Und ich muß zu jedem Döner eine Cholesterintablette als Nachspeise nehmen, damit die Werte einigermaßen im Normbereich bleiben.«
Hüseyin Pamuk, Schauspieler

Der Nährwert des Dönerkebap

Der durchschnittliche handelsübliche Döner besteht aus

100 g Weißbrot	240 kcal
100 g Kalbfleisch (20% Fett)	265 kcal
20 g Sauce	35 kcal
50 g Tomate, Gurke, Krautsalat	10 kcal
0,3 l Ayran	60 kcal
570 g	610 kcal

Eiweiß: 45 g; Kohlenhydrate: 66 g; Fett: 22g;

Preis:
Berlin: DM 6,–
Hamburg: DM 9,–
München: DM 9,–

Zum Vergleich:

2 Weißwürstchen (160 g/22 % Fett)	408 kcal
mit Brötchen (45 g)	125 kcal
0,3 l Bier (Pils)	126 kcal
505 g	659 kcal

Eiweiß: 24 g; Kohlenhydrate: 38 g; Fett: 35,2 g;

Preis:
Berlin:	DM 6,50
Hamburg:	DM 8,–
München:	DM 8,–

---

1 Bratwurst (100g/32 % Fett)	335 kcal
mit Brötchen (45 g)	125 kcal
0,2 l Cola	90 kcal
345 g	550 kcal

Eiweiß: 13 g; Kohlenhydrate: 26 g; Fett: 32 g;

Preis:
Berlin:	DM 4,50
Hamburg:	DM 5,50
München:	DM 6,–

Currywurst (80 g/25 % Fett)	240 kcal
mit Portion Pommes (100 g)	275 kcal
plus Ketchup (20 g)	25 kcal
1 Flasche Bier 0,33 l	139 kcal
530 g	679 kcal

Eiweiß: 17 g; Kohlenhydrate: 53 g; Fett: 28 g;

Preis:
Berlin: DM 6,50
Hamburg: DM 9,–
München: DM 9,–

2 kleine Buletten (125g/25 % Fett)	400 kcal
plus 2 Brötchen (90 g)	250 kcal
plus Kaffee schwarz (0,15 l)	0 kcal
365 g	650 kcal

Eiweiß: 32 g; Kohlenhydrate: 52 g: Fett: 31,5 g;

Preis:
Berlin:	DM 6,–
Hamburg:	DM 8,–
München:	DM 8,–

Portion Leberkäse (150 g/23 % Fett)	405 kcal
plus 1 Brötchen (45 g)	125 kcal
plus 1 Flasche Malzbier (0,33)	185 kcal
525 g	715 kcal

Eiweiß: 26 g; Kohlenhydrate: 56 g; Fett: 35 g;

Preis:
Berlin:	DM 5,–
Hamburg:	DM 6,50
München:	DM 6,50

(Alle Angaben ohne Gewähr)

Anmerkungen

Der Milliardencoup

1 *Der Tagesspiegel*, 3. Juni 1956.
2 Ebenda.
3 Die 350 Millionen »McDonald-DM« ergeben sich aus folgender Hochrechnung. Mit 570 Filialen erzielte der Konzern 1994 2,6 Milliarden Mark Umsatz. Pro Filiale macht das im Schnitt 4,56 Millionen Mark. Bei 77 Filialen in Berlin und den neuen Bundesländern ergibt sich so ein grob geschätzter Umsatz von 350 Millionen Mark. Beim Döner in Berlin und Ostdeutschland haben wir bei der Berechnung 4 Mark pro Sandwich veranschlagt.
4 *Bild-Berlin*, 21. Januar 1995.
5 Gerd Rüdiger, *Currywurst. Ein anderer Führer durch Berlin*, Berlin 1995.
6 Die Zahl von 100 Millionen verkauften Döner basiert auf folgender Berechnung: Bei einem Durchschnittsgewicht der Dönerspieße von 25 Kilogramm und 1300 Verkaufsständen werden in Berlin täglich 32 500 Dönerkebap verkauft. Bei einem durchschnittlichen Fleischanteil von 100 Gramm pro Döner-Sandwich macht das 325 000 Portionen täglich. Bei 300 Verkaufstagen im Jahr (die Sonntage gehören Muttis Küche) macht das folglich 97 500 000 verkaufte Döner.

Die Wiege des Dönerkebap

1 *die tageszeitung*, 5. Oktober 1990.
2 Peter Heine, *Kulinarische Studien. Untersuchungen zur Kochkunst im arabisch-islamischen Mittelalter*, Wiesbaden 1988.
3 Hedda Reindl-Kiel, Wesirfinger und Frauenschenkel. Zur Sozialgeschichte der türkischen Küche, in: *Archiv für Kulturgeschichte*, Band 77, Heft 1, Köln/Weimar/Wien 1995, S. 61.
4 Helmuth von Moltke, *Unter dem Halbmond. Erlebnisse in der alten Türkei 1835-1839*, Tübingen 1981, S. 109.
5 Ebenda, S. 342.

6 Rennan Yamans Quellenforschung zur Genesis des Dönerkebap ist niedergeschrieben in dem Aufsatz *Döner Kebabı hikayesi*, veröffentlicht in: *Türk Mutfak Kültürü Üzerine Araştırmaları*, Ankara 1993, S. 92-102.
7 Dönerkebap, in: *Kültür Bakanlığı Türk Halk Kültürü Araştırmaları* (Untersuchungen über die Kultur des türkischen Volkes, Kulturministerium), 1990/1, Türk Mutfak (Die türkische Küche) Sondernummer, S. 109. Nail Tan, Die berühmten Essen und Getränke von Kastamonu.
8 Hedda Reindl-Kiel, a. a. O., S. 60.
9 *Cumhuriyet*, 10. Oktober 1993.
10 Eberhard Seidel, Leben unter der Diktatur des IWF. Türkei: Senkung des Lebensstandards – was heißt das konkret?, in: *die tageszeitung*, 16. August 1984.
11 Eberhard Seidel, Geschäfte und Religion gehen Hand in Hand. Die Türkei verstärkt ihre Beziehungen zur arabischen Welt, in: *die tageszeitung*, 17. August 1984.
12 Ömer Erzeren, Sieh doch die Lebendigkeit... bei McDonald's, in: *die tageszeitung*, 22. November 1990.
13 Ebenda.

Wie der Döner über die Deutschen kam

1 Gerd Rüdiger, *Currywurst. Ein anderer Führer durch Berlin*, Berlin 1995, S. 17.
2 Reinhard Fischer, Berliner Döner – Schnellimbiß, in: Fred Scholz (Hg.), *Die räumliche Ausbreitung türkischer Wirtschaftsaktivitäten in Berlin (West) – Schnellimbisse, Restaurants, Gemüseläden* (Occasional Paper Geographie: Türkische Wirtschaftsaktivitäten in Berlin, Heft 5), Berlin 1990, S. 9.
3 Faruk Şen, Ausländische Selbständige in der Bundesrepublik, in: Ausländerbeauftragte der Bundesregierung (Hrsg.), *Bericht '90. Zur Situation der ausländischen Arbeitnehmer und ihrer Familien – Bestandsaufnahme und Perspektiven für die neunziger Jahre*, Bonn 1990, S. 161.
4 Ursula Engelen-Kefer, Aspekte der Ausländerbeschäftigung, in: ebenda, S. 133.

5 Vgl. das Porträt Izzet Aydoğdus auf S. 124.
6 Hans-Günter Kleff, *Vom Bauern zum Industriearbeiter. Zur kollektiven Lebensgeschichte der Arbeitsmigranten aus der Türkei*, Ingelheim 1985, S. 312.
7 Jochen Blaschke/Ahmet Ersöz, *Herkunft und Geschäftsaufnahme türkischer Kleingewerbetreibender in Berlin*, Berlin 1987, S. 37.
8 Detlef Bischoff/Werner Teubner, *Zwischen Einbürgerung und Rückkehr. Ausländerpolitik und Ausländerrecht der Bundesrepublik Deutschland*, Berlin 1990, S. 91.
9 Rolf Brockschmidt, Kebab und Köfte in Konkurrenz zur Currywurst, in: *Der Tagesspiegel*, 28. Oktober 1982.
10 *Welt am Sonntag*, 26. Februar 1984.
11 Ursula Engelen-Kefer, a. a. O., S. 133.
12 Dietrich Thränhardt, Die Lebenslage der ausländischen Bevölkerung in der Bundesrepublik Deutschland, in: *Aus Politik und Zeitgeschichte*, B 35/1995, 25. August 1995, S. 6.
13 Alternative Liste (Hrsg.): Ein Jahr Ausländererlaß, Flugblatt, November 1982.
14 Über die Enwicklung dieser Jahre ausführlicher: Eberhard Seidel-Pielen, *Unsere Türken. Annäherung an ein gespaltenes Verhältnis*, Berlin 1995, S. 18 ff.
15 Fred Scholz, a. a. O., S. 51 (Anm. 2).
16 Eberhard Seidel-Pielen, Türkisches Beschäftigungswunder, in: *Deutsche Volkszeitung*, 17. März 1989.
17 Eberhard Seidel, Kebap ist Kultur, in: *zitty*, August 1988.
18 Günter Wallraff, *Ganz unten*, Köln 1985, S. 31.
19 Ebenda, S. 36.
20 *Saarbrücker Zeitung*, 11./12. November 1995.

Pfusch am Döner

1 Wolfgang Stürzbecher, *Tatort Straße*, Bergisch Gladbach 1992, S. 255.
2 *die tageszeitung*, 10. November 1988.
3 Franz R. Schullerus, Herstellung und Inverkehrbringen von Dönerkebap, in: *Amtstierärztlicher Dienst und Lebensmittelkontrolle*, 2. Jahrgang 1/1995.

4 Ebenda.
5 Josef Jöckel/Gerhard Stengel, »Dönerkebap«. Untersuchung und Beurteilung einer türkischen Spezialität, in: *Fleischerwirtschaft 64*, S. 535.
6 Doris Kerschhofer, *Dönerkebap aus dem Münchener Handel. Erhebung zur Verkehrsauffassung und Untersuchungen zur stofflichen und mikrobiologisch-hygienischen Beschaffenheit*, München 1992, S.105.
7 *Stuttgarter Zeitung*, 12. Oktober 1994.
8 Der Döner soll frei von Brühwurstbrät bleiben, in: *Der Tagesspiegel*, 14. Februar 1989.
9 Dietmar Treiber, Verkommt Berlins Dönerkebap zur Null-Nummer, in: *Berliner Morgenpost*, 4. Dezember 1991.
10 Dietmar Treiber, Saftige Geldstrafe: Nicht jeder Drehspieß ist ein Dönerkebap, in: *Berliner Morgenpost*, 12. Sepember 1992.
11 Dietmar Treiber, Rettung für den Döner? Machtwort aus Karlsruhe, in: *Berliner Morgenpost*, 25. Januar 1993.

Die Macher

1 Über die Hamburger Auseinandersetzung berichtete die Journalistin Adıl Gürbüz in der *taz*-Hamburg:
Zoff ums Fladenbrot, *taz* vom 11. Juli 1992.
Pide-Preise wieder gesenkt, *taz* vom 18. Juli 1992.
2 Fladenbrot macht nicht nur satt, sondern auch reich. Drei ehemalige »Gastarbeiter« eröffnen in Bochum eine Brotfabrik. Pressemitteilung des Zentrums für Türkeistudien, Essen, 15. September 1995.
3 Information über türkische Bäckereibetriebe in NRW. Türken im BackBusiness, Pressemitteilung des Zentrums für Türkeistudien, Essen, 14. September 1995.

Goldrausch im Osten

1 von Markenstein, Schnelle Bierchen oder auf die Weltreise warten, in: *die tageszeitung*, 22. März 1990.
2 Petra Schrott, Wir halten offen, solange gekauft wird, in: *die tageszeitung*, 13. November 1989.

3 Stefan Kuschel, Als die Ossis beim Türken Broiler bestellten, in: *Der Tagesspiegel*, 21. September 1993.
4 Ein Porträt von Mehmed aus dem Jahr 1990 findet sich in: Klaus Farin/Eberhard Seidel-Pielen, *Krieg in den Städten. Jugendgangs in Deutschland*, Berlin 1991, S. 32 ff.
5 Erstmals berichtet habe ich über die Erfahrungen des Geschäftspaars in der Reportage »Naherholung in Hoyerswerda«, in: Klaus Farin/Eberhard Seidel-Pielen, *Rechtsruck. Rassismus im neuen Deutschland*, Berlin 1992, S. 54 ff.

Bekenntniszwang: Döner und Politik

1 Günter Wallraff, Ganz unten als Türke Ali, in: Siegfried Pater, *McDonald's*, Göttingen 1994, S. 45 ff.
2 *die tageszeitung*, 23. August 1990.
3 *die tageszeitung*, 4. September 1990.
4 Detlef Krell, Kanzler Kohl: Konversation auf der Kuhweide, in: *die tageszeitung*, 5. Juli 1991.
5 *die tageszeitung*, 22. August 1992.
6 Franco Foraci, Chinaböller im Saumagen. Kulinarisches Geheimrezept für einen CDU-Hinterbänkler, in: *die tageszeitung*, 14. Januar 1994.
7 »Der letzte Döner« ist eine Produktion der Theatergruppe »Kulis« und wurde am 26. Oktober 1995 in Berlin uraufgeführt. Autorin des Stückes und des folgenden Textauszugs ist Gaby Sikorski.

Abbildungsnachweis

Boris Geilert/G.A.F.F.: S. 43, 103, 126, 139, 155, 175
Hans-Peter Stiebing/ZENIT: S. 9, 21, 67, 129
Metin Yilmaz/PAPARAZZI: S. 127

Danksagung

Mein besonderer Dank gilt allen Gesprächspartnern und Gesprächspartnerinnen, denen Sie in diesem Buch begegnen.

Darüber hinaus wirkten noch eine Reihe von Freunden und Freundinnen am Zustandekommen dieses Buches mit.

Während der Niederschrift des Buches im Oktober/November 1995 auf der griechischen Insel Hydra sorgte Kristina gemeinsam mit ihrer Familie für ein vorzügliches Catering: Frische Calamares und Oktopus, Lammbraten, allerlei gegrillte Fische, Souvlaki, Bifteki, etc. hielten mich bei Laune. Mein weiterer Dank gilt David, der mir die nötige Ruhe zum Schreiben verschaffte; Clive für die großzügige Überlassung seiner Datscha; Anita für anregenden schwedischen Kaffee; Douglas für die Einführung in das Domino-Spiel. Ermutigend waren seine täglichen Beteuerungen, daß alle Schreiber Nichtsnutze seien.

Gedankt sei auch einigen Berliner Freunden – Rennan Yaman, Ali Yıldırım, Claudia Dantschke und Margitta Fahr – für ihre wertvollen Hinweise, Gottfried Plagemann für Übersetzungshilfen sowie der Erstleserin Carola Rönneburg, die bei diversen Bechern Metaxa (***) unbestechlich und streng den Daumen nach oben oder unten senkte. Als eine stetige Herausforderung erwies sich Sabine Hansen, die ungefragt, aber dafür um so hartnäckiger betonte, daß in ihrem Buchladen kein Platz für die Ergüsse von Losern sei. Treu stand die Schwimmcrew (Schorsch, Andrea, der abgetauchte Hermann und Karin) zur Seite: Nach Phasen strengen Testessens mahnte sie mich eindringlich zur körperlichen Ertüchtigung. Last but not least Claudia Denker, die gute Seele der Krimibuchhandlung Hammett. Aus recht eigennützigen Motiven gab sie mir den Ratschlag, daß jedes gute Buch mit Mord und Totschlag zu beginnen habe.

Gaby Sikorski und den Mitgliedern der Theatergruppe »Kulis« danke ich für die großzügige Überlassung der Texte aus ihrem Stück *Der letzte Döner.*